CHAT ALORS !

L'encyclopédie féline illustrée

Direction éditoriale : Stéphane Chabenat
Éditrice : Margot Baudichet
Conception graphique et mises en pages : Nord Compo
Conception graphique de la couverture : Thomas Hamel / 'Olo
Illustrations : Chris Pavone

Les éditions de l'**Opportun**
16, rue Dupetit-Thouars
75003 Paris

www.editionsopportun.com

Chris Pavone

CHAT ALORS !

L’encyclopédie féline illustrée

AVANT-PROPOS

Leur personnalité mystérieuse et leur allure gracieuse en ont fait des animaux de compagnie extrêmement populaires. Ils ont conquis le cœur des humains et finalement, depuis leur vénération par les Égyptiens il y a des millénaires, les choses n'ont guère changé quand on voit la dévotion que leur vouent les humains aujourd'hui ! Mais avec autant de chats autour de nous, y a-t-il encore des choses que nous ignorons sur eux ? Vous avez un ou plusieurs chats chez vous et vous pensez les connaître par cœur ? Ce livre a été écrit pour que vous puissiez vraiment réaliser à quel point nos petits amis félins sont impressionnants dans bien des domaines et il va vous révéler beaucoup de secrets qui étaient jusque-là *chalousement* gardés !

UNE ÉTUDE SCIENTIFIQUE
A DÉMONTRÉ QUE OUI,
LES CHATS RECONNAISSENT BIEN
LEUR NOM QUAND ON
LES APPELLE ! ILS DISTINGUENT
PARFAITEMENT LE MOT QUI
LES IDENTIFIE, MÊME PRONONCÉ
PAR UN ÉTRANGER ! C'EST JUSTE
QU'ILS FONT SEMBLANT DE
NE PAS L'ENTENDRE…

Le chat le plus ancien
dont on connaît le nom
s'appelle Nedjem.
Il vécut sous le règne du pharaon
Thoutmôsis III (–1479 à –1424).
C'est le premier chat de l'histoire
dont on a le nom, et il signifie
« doux » ou « agréable ».

Creme Puff est une chatte qui vécut jusqu'à 38 ans et 3 jours ! Selon le *Guinness des records*, c'est le chat qui a vécu le plus longtemps au monde ! Étonnamment, son propriétaire texan possédait aussi un autre chat qui vécut, lui, jusqu'à 34 ans, ce qui est tout aussi exceptionnel ! Après plusieurs enquêtes pour comprendre ce qui a rendu possible ces records de longévité chez ses chats, l'une des plus sérieuses et des plus étonnantes a démontré que cela semblait venir de leur régime alimentaire : bacon, œufs, asperges et brocolis, et parfois un peu de café…

Le cri d'un bébé humain est sur
une fréquence qui pousse
instinctivement la mère à agir.
Eh bien l'université de Sussex
a découvert que le chat domestique,
à l'esprit malin et redoutable,
se cale sur cette même fréquence
lorsqu'il réclame à manger,
afin de pousser ses maîtres à réagir
avec empressement pour répondre
à son besoin !

CONTRAIREMENT AU CHIEN QUI «GOBE», LE SENS GUSTATIF DU CHAT EST LOCALISÉ À L'EXTRÉMITÉ DE SA LANGUE, CE QUI LUI PERMET DE GOÛTER UN ALIMENT SANS AVOIR À LE METTRE EN BOUCHE ET AINSI DE DÉCIDER DE L'AVALER OU PAS !

Le chat a relativement peu de papilles gustatives par rapport à l'humain (environ 470 contre plus de 9 000 sur la langue humaine). En revanche, il possède 200 millions de terminaux olfactifs, contre 5 millions pour l'humain, soit un odorat 70 fois plus développé que nous.

Les chats ne communiquent que très rarement entre eux en miaulant. Ils utilisent le miaulement surtout avec l'humain. Les chats communiquent principalement entre eux par le biais des phéromones ainsi que par des positions corporelles.

Le ronronnement, grâce à sa fréquence
qui se situe entre 25 et 30 Hz,
a un pouvoir antalgique sur les os,
tendons et muscles du chat.
Il aurait aussi un effet bénéfique
sur les humains, notamment grâce
à un effet relaxant, popularisé
dans la presse par le terme
« ronron-thérapie ».

Les chats sont capables de nous « dresser » sans qu'on s'en rende compte ! Ils comprennent vite qu'un ronronnement déclenche notre instinct de protection envers eux, ou qu'un miaulement sur une certaine tonalité nous pousse à les nourrir, ou même à partir.

Les félins ne possèdent pas d'organe dédié au ronronnement. Plusieurs hypothèses ont été proposées, mais on ne sait pas encore vraiment quel est son mécanisme.
Les scientifiques pensent que l'os hyoïde, situé dans la partie antérieure du cou, jouerait un rôle majeur pour différencier les félins « rugissants » (non ronronnants) et les « non-rugissants » (ronronnants). Chez la majorité des félins, l'hyoïde

est entièrement « ossifié » : sa structure osseuse dense l'empêche de vibrer, ce qui expliquerait la différence entre les félins capables de rugir, comme le lion, le léopard ou le jaguar, et ceux qui peuvent ronronner, comme le chat.

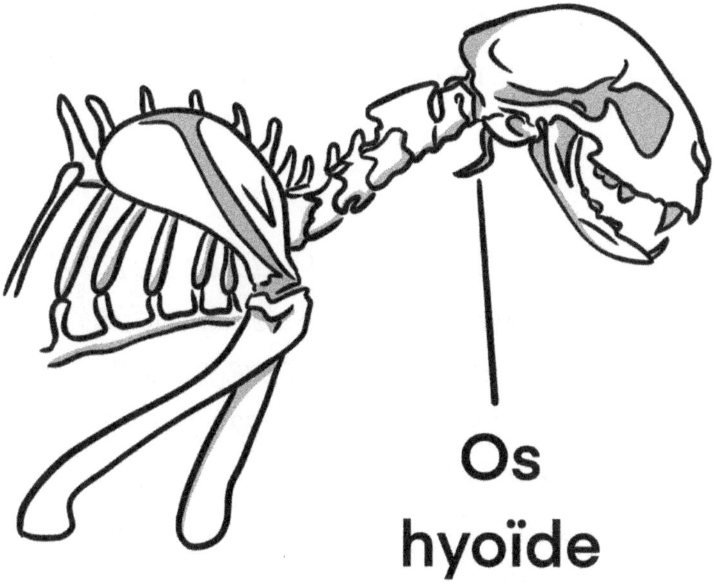

Mais comment les chats arrivent-ils
à produire leur ronronnement grave
si caractéristique, alors que les sons
de basse fréquence sont normalement
émis par des animaux plus grands
et aux cordes vocales plus longues ?
Des scientifiques viennent tout juste
de le comprendre : grâce à des
« coussinets de ronronnement »,
constitués de tissu conjonctif intégré
aux cordes vocales, qui en augmente
la densité et les fait vibrer plus lentement
pour produire un ronronnement grave.

*La fourrure des chats peut conserver
suffisamment de matières répandues
par les personnes qui ont partagé
son espace, même de façon fugace,
pour permettre de récupérer l'ADN
et aider à identifier des suspects
sur les scènes de crime !*

Le chat est un animal
qui aime le calme. Pourquoi ?
Pouvant être une proie
à l'état sauvage, il a gardé
cet instinct de survie
qui le maintient toujours
attentif au moindre bruit
qui représenterait un danger.
S'il y a du vacarme,
cela est vite fatigant
pour lui !

Les yeux et le petit menton des chatons
provoquent automatiquement
chez l'humain une forte attraction.
Une expérience sur ordinateur montre
qu'en grossissant légèrement
le menton du chat et en rapetissant
ses yeux, cet effet d'attraction disparaît !
Cela s'explique par le fait que petit
menton et grands yeux nous rappellent
instinctivement les petites créatures
proches de nous : les bébés humains.
L'observation des chatons déclenche
une sécrétion de dopamine,
comme lorsqu'on regarde des bébés.

Le succès du chat
sur Internet s'explique
– en plus de son côté
mignon et joueur – par un
biais cognitif humain assez
étonnant : la projection !
En effet, alors que le
chien (bien moins
populaire sur
le Net) peut, grâce à un
plus large réseau de
muscles faciaux, exprimer
plusieurs expressions
facilement identifiables,
le chat, lui, est beaucoup
plus impassible.
Cette absence d'expressions
permet inconsciemment
à l'humain qui l'observe
de se projeter
et de plaquer l'expression
qu'il souhaite :

LA JOIE, L'ÉTONNEMENT,
LA FRUSTRATION
OU ENCORE L'INDIFFÉRENCE.
CELA EXPLIQUE LE SUCCÈS
DES PHOTOS DE CHATS
ACCOMPAGNÉES D'UNE LÉGENDE
HUMORISTIQUE
ET ANTHROPOMORPHIQUE.

Une autre explication surprenante et appuyée par des recherches attribuerait la forte attirance de l'humain pour les chats à la présence du parasite Toxoplasma gondii. Celui-ci s'installe au niveau de l'amygdale, organe qui sécrète la dopamine (l'hormone du plaisir). Ce qui expliquerait que la personne infectée (un fort pourcentage de la population mondiale) serait naturellement attirée par les chats et deviendrait gaga devant des vidéos ou des photos de ces petits félins.

UN RAT QUI N'A PAS PEUR D'UN CHAT, CELA ARRIVE, MAIS PAS PARCE QUE LE RAT EST COURAGEUX ! C'EST JUSTEMENT À CAUSE DU PARASITE TOXOPLASMA GONDII QUI, UNE FOIS DANS L'ORGANISME DU RAT, LUI FAIT PERDRE TOUTE PEUR DU CHAT ET POUSSE LE RONGEUR À SE LAISSER MANGER ! EN 2011, DES ÉTUDES ONT DÉMONTRÉ QUE DES RATS INFECTÉS MONTRENT DES SIGNES D'EXCITATION SEXUELLE APRÈS AVOIR RENIFLÉ DE L'URINE DE CHAT, ET NON DES SIGNES DE PEUR

DÉTECTÉS CHEZ LES INDIVIDUS SAINS. LES RATS INFECTÉS SE METTENT ALORS À RECHERCHER LA PRÉSENCE DE CHATS AU LIEU DE LES FUIR ! UNE FOIS LE RAT MANGÉ PAR LE CHAT, LE PARASITE TOXOPLASMA GONDII MIGRE DANS LE VENTRE DU CHAT, SEUL ENDROIT OÙ IL PEUT SE DÉVELOPPER !

Lorsque le chat se met à siffler très fort pour impressionner son adversaire, il a le réflexe de rabattre ses oreilles vers l'arrière ! Pourquoi fait-il cela ? D'une part, ce geste lui permet de vérifier qu'aucun danger ne l'attend derrière lui, mais surtout il protège son oreille interne du bruit qu'il produit lui-même !

ON COMPTE ENVIRON 600 MILLIONS DE CHATS DOMESTIQUES SUR TERRE : C'EST LE FÉLIN LE PLUS RÉPANDU SUR LE GLOBE ! EN 2023, LA FRANCE COMPTAIT PLUS DE 15 MILLIONS DE CHATS DOMESTIQUES !

Le chat est capable de s'adapter et de survivre dans quasiment tous les milieux : déserts, forêts, prairies, toundras, côtes, terres agricoles, garrigues, zones urbaines et zones humides ! Il y a d'ailleurs des chats sur tous les continents de notre planète, sauf en Antarctique ! Le chat est présent sur 118 des 131 principaux groupes d'îles de la Terre !

Dans l'ensemble, les chats ont une excellente mémoire. Dans des conditions expérimentales, il a été démontré que la mémoire d'un chat avait une rétention d'informations pouvant aller jusqu'à 10 ans.

La NASA nomme toutes les mini-lunes (des satellites mineurs), qui gravitent autour de la géante gazeuse Saturne, avec des noms de chats ! Ces « chatons » se situent dans l'anneau F et se nomment Sylvester, Garfield, Fluffy, Socks ou encore Whiskers.

En 1971, l'astronome James B. Gibson découvrit un nouvel astéroïde, de 21 km, qu'il nomma « Mr. Spock » ! On découvrit plus tard qu'en réalité, le nom fut donné non en l'honneur du personnage de *Star Trek*, mais d'après le chat de James B. Gibson, appelé ainsi pour ses oreilles pointues.

Au XVIIIe siècle, lorsqu'on n'avait pas la réponse à une question, on disait qu'on « jetait sa langue au chien », montrant qu'elle ne servait à rien puisqu'on ne pouvait répondre ! Avec le temps, le chat, moins féroce et discret, remplaça le chien dans l'expression.

En 1929, deux scientifiques, Ernest Glen Wever et Charles W. Bray, transformèrent un chat… en téléphone ! Reliant au nerf auditif un amplificateur (lui-même relié à un récepteur), si on parlait à l'oreille du chat, on entendait dans le combiné. Cette expérience abracadabrante fut néanmoins à l'origine des implants cochléaires pour malentendants.

Edward Lear est un écrivain et poète du XIVe siècle qui aimait tellement son chat, nommé Foss, que lorsqu'il déménagea, il commanda aux architectes une maison semblable à la précédente pour ne pas déstabiliser Foss et lui rendre le changement plus facile.

Lors de travaux
dans le château de Saint-Germain-en-Laye, on retrouva des chats emmurés !
Le rituel d'emmurement d'animaux (souvent des chats ou des coqs) a perduré au moins jusqu'à la Renaissance et était censé « garantir la solidité du château »…

« SAM L'INSUBMERSIBLE » (*UNSINKABLE SAM*), DE SON VRAI NOM OSCAR, EST UN CHAT DE NAVIRE MILITAIRE ALLEMAND, CÉLÈBRE POUR AVOIR SUCCESSIVEMENT NAVIGUÉ SUR 3 NAVIRES DE GUERRE DURANT LA SECONDE GUERRE MONDIALE ET POUR AVOIR SURVÉCU AU NAUFRAGE DE CES 3 BATEAUX, QUI ONT TOUS, AU COURS DE L'ANNÉE 1941, COULÉ AU FOND DE L'EAU À MOINS DE 6 MOIS D'INTERVALLE. IL EST MORT ASSEZ ÂGÉ EN 1955.

Les chatons dorment
énormément,
car c'est uniquement
pendant le sommeil
que sont libérées
les hormones indispensables
à sa croissance.
Un chat adulte dort
en moyenne 16 heures
par jour, soit les 2/3
de sa vie. Cela signifie
que si votre chat a 9 ans,
il n'est resté éveillé
que 3 ans...

On sait que le chat passe un tiers de sa vie éveillé seulement. Eh bien, pas moins du quart de cette « vie éveillée » lui sert à faire sa toilette !
On comprend ici que l'expression « faire une toilette de chat » n'est pas du tout adaptée à ceux qui se « débarbouillent » en quelques secondes. Le chat peut passer jusqu'à 5 heures par jour à se lécher tout le corps, du bout des griffes jusqu'à la pointe des oreilles !
Il entretient ainsi sa fourrure en retirant la saleté et les puces, et en empêchant la formation de nœuds, mais cette toilette lui permet aussi de refroidir son corps, sans compter que la salive a également un pouvoir nettoyant.

EN 1933, UNE NUIT,
ALORS QUE
PETER SHAW ÉTAIT
AU VOLANT DE SA VOITURE,
IL ÉVITA UN CHAT
GRÂCE AUX REFLETS
DES PHARES
DE SON VÉHICULE
DANS LES YEUX
DE L'ANIMAL.
CETTE EXPÉRIENCE
LUI PERMIT D'INVENTER
LES RÉFLECTEURS
SUR LES CHAUSSÉES !

Le 24 octobre 1901, Annie Taylor fut la première femme à descendre les chutes du Niagara dans un tonneau. Mais en réalité le héros était son chat, qu'elle avait lancé avant elle dans le tonneau pour tenter l'expérience ! Il survécut et devint « le premier félin à descendre les chutes du Niagara » !

Les 18 griffes rétractiles du chat lui sont très utiles pour grimper avec habileté aux arbres.
Mais une fois en haut, il a toutes les difficultés du monde à descendre la tête la première, comme le ferait un écureuil par exemple, car ses griffes pointent toutes dans la même direction. Il est donc obligé de le faire soit à reculons, soit par un saut. C'est pour cela qu'il reste parfois coincé en haut.

TOUS LES CHATS RÉTRACTENT LEURS GRIFFES AU REPOS ET, DE TOUS LES FÉLINS, SEUL LE GUÉPARD NE PEUT PAS LE FAIRE.

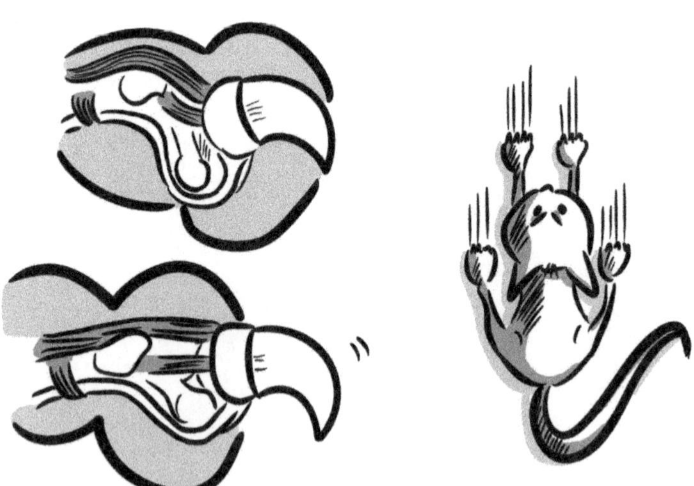

Richelieu avait 14 chats :
Félimare, Lucifer, Ludovic-le-Cruel,
Ludoviska, Mimi-Piaillon,
Mounard-le-Fougueux, Perruque, Rubis-sur-l'ongle, Serpolet, Pyrame, Thisbe,
Racan, Soumise et Gazette.
Ils avaient à leur disposition
2 domestiques à plein temps.
On dit qu'il en avait autant surtout
parce qu'il leur faisait goûter ses plats,
tant il avait peur d'être empoisonné.

FÉLICETTE EST UNE CHATTE FRANÇAISE CONNUE POUR ÊTRE L'UNIQUE FÉLIN ENVOYÉ DANS L'ESPACE (LE 18 OCTOBRE 1963) ET QUI EN EST REVENU VIVANT ! LES SCIENTIFIQUES L'ONT EUTHANASIÉE DEUX MOIS APRÈS POUR RÉCUPÉRER LES ÉLECTRODES IMPLANTÉES ET ANALYSER SON CERVEAU. ELLE EST COMMÉMORÉE SUR DES TIMBRES-POSTE DU MONDE ENTIER ET SA STATUE EST EXPOSÉE À L'UNIVERSITÉ INTERNATIONALE DE L'ESPACE.

Il y a plus de
50 000 animaux
de compagnie enterrés
au *Aspin Hill Pet Cemetery*,
dans le Maryland,
y compris une paire
de chats nommés
Chat #1 et Chat #2
(*Cat #1 Cat #2*),
ainsi qu'un animal
non identifié nommé
Quelque chose (*Something*).

EN 1960, LA CIA DÉPENSA 20 MILLIONS DE DOLLARS POUR IMPLANTER DES MICROS DANS LE CORPS D'UN CHAT ESPION ! LE PREMIER JOUR, LE CHAT-ESPION FUT TUÉ PAR UN TAXI...

EN 2014, LE CHAT STAR
DE YOUTUBE GRUMPY CAT
A GAGNÉ PLUS D'ARGENT
QUE L'ACTRICE OSCARISÉE
GWYNETH PALTROW
ET LA STAR DU FOOTBALL
CRISTIANO RONALDO.

La société chinoise Sinogene a cloné avec succès un chat décédé 7 mois avant ! Son propriétaire, Huang Yu, a retrouvé son compagnon sous la forme d'un chaton gris et blanc, pour 250 000 yuans (32 000 euros).

Une momie de chat égyptien a été passée au scanner 3D, et les archéologues ont eu une surprise : il n'y avait pas un, mais plusieurs restes de chats. Ils estiment qu'ils sont tombés sur une escroquerie antique organisée par des prêtres peu scrupuleux…

C'est à Newton qu'on attribue l'invention de la chatière ! Il avait une chatte qui entrait et sortait sans cesse de son laboratoire durant ses travaux. Isaac perça la porte…

SASHA AVAIT DISPARU À PORTLAND, EN OREGON, ET A ÉTÉ RETROUVÉ 5 ANS APRÈS ERRANT DANS LES RUES DE SANTA FE AU NOUVEAU-MEXIQUE ! L'ANALYSE DE SA PUCE ÉLECTRONIQUE RÉVÉLA QU'IL A PARCOURU 1 931 KM ! SON MAÎTRE VICTOR USOV N'EN REVINT PAS !

EN JANVIER,
UNE FEMME RUSSE
A ÉTÉ CONTRAINTE
DE VIVRE RECLUSE 2 JOURS
DANS SA CUISINE,
CAR SON CHAT L'ATTAQUAIT
À CHAQUE FOIS
QU'ELLE TENTAIT
D'EN SORTIR…
ELLE A FINALEMENT RÉUSSI
À PRÉVENIR LES SECOURS
QUI ONT CAPTURÉ LE CHAT
À L'AIDE D'UNE
COUVERTURE.

1. Un chat retombe toujours sur ses pattes.
2. Une tartine beurrée tombe toujours du côté du beurre.

C'est avec ces 2 adages que fut créé de façon humoristique « Le paradoxe du chat beurré » : l'ensemble chat-tartine finit-il en état stationnaire ?

吸猫 (*xī māo*) est une expression
d'argot mandarin
qui signifie littéralement
« inhaler/sniffer son chat »,
et se dit des personnes
qui enfouissent leur visage
dans les pattes ou les poils
de leur chat pour les renifler
comme une drogue !

Le 17 août est la Journée internationale du chat noir. Les chats noirs ont beaucoup souffert au Moyen Âge, à cause de leur image liée à la sorcellerie. Aujourd'hui, ils sont mis de côté par les adeptes d'Internet car ils ne ressortent pas très bien sur les selfies et autres photos dédiées aux réseaux sociaux.

Les chats noirs ont pourtant un avantage important d'une autre façon : les félins noirs, non seulement se camouflent mieux et échappent plus à leurs prédateurs, mais ils ont aussi un capital génétique, responsable du mélanisme, qui les rend plus résistants à certaines maladies.

AU JAPON,
LE 22 FÉVRIER
EST LA JOURNÉE DES CHATS
CAR LA PRONONCIATION
DE LA DATE 22/02
SONNE COMME LES MOTS
« *NYAN NYAN NYAN* »,
QUI SIGNIFIENT
« MIAOU MIAOU MIAOU »
EN JAPONAIS.

**LE MOT HONGROIS
POUR « GUILLEMET »
(*MACSKAKÖRÖM*)
SE TRADUIT LITTÉRALEMENT
PAR « GRIFFE DE CHAT » !**

Pourquoi les chats mâles
se battent-ils entre eux ?
Cela peut être pour leur
territoire ou pour défendre
les chatons, mais la principale
raison est... pour les minettes !
Le combat vise souvent à avoir
la primauté sur une femelle et,
en général, ce sera le chat
le plus lourd qui gagnera.

EN SEULEMENT 7 ANS, UNE SEULE PAIRE DE CHATS ET LEUR PROGÉNITURE POURRAIENT PRODUIRE UN TOTAL EFFARANT DE 420 000 CHATONS. (UN COUPLE DE LAPINS ET LEURS DESCENDANTS POURRAIENT, EN THÉORIE, PRODUIRE 185 MILLIARDS DE DESCENDANTS EN 7 ANS !)

Un chat possède 22 coussinets, 5 coussinets digitaux dont 1 palmaire à chaque patte avant, et 4 digitaux dont 1 palmaire à chaque patte arrière. Ils lui permettent d'être silencieux, mais aussi de déterminer la distance où se trouve une proie en ressentant les vibrations du sol ! Le chat peut aussi, grâce à ses coussinets dotés de récepteurs tactiles, déterminer très rapidement la texture et la température du sol ! Et avec des glandes situées entre les coussinets, il peut marquer un territoire d'une substance dégageant un parfum unique à chaque chat !

LE CHAT NE POSSÈDE QU'UNE PETITE QUANTITÉ DE GLANDES SUDORIPARES QUI SONT CONCENTRÉES SUR LES RARES ENDROITS OÙ IL NE POSSÈDE PAS DE POILS, C'EST-À-DIRE SUR LES COUSSINETS DE SES PATTES, SEULE PARTIE DE SON CORPS D'OÙ IL TRANSPIRE !

Pourquoi votre chat
s'installe-t-il
sur votre bureau
ou votre ordinateur
pendant que vous travaillez ?
Car il a bien compris que
cet endroit stratégique
a l'air de vous occuper :
il s'y place donc,
près de votre visage
et vos mains,
pour s'assurer d'avoir
toute votre attention !

Il y a autant de neurones dans le tube digestif d'un être humain que dans le cerveau d'un chat ! (~250 millions)

Pourquoi les chats adorent-ils dormir au Soleil ? Car ils utilisent l'énergie du Soleil pour compenser la baisse de température corporelle et la baisse du métabolisme basal dues au sommeil. L'énergie stockée pourra également être utilisée plus tard, pour de nombreuses activités !

Il est difficile d'évaluer la douleur ressentie par un chat. Il existe des échelles de mesure de la douleur pour les souris, les rats, les chevaux, les porcs, mais il n'y en avait pas encore pour les chats afin d'aider les vétérinaires. C'est chose faite depuis 2020, une équipe de chercheurs de Montréal a établi une échelle de douleur prenant en compte les expressions faciales du chat. Nommée *Feline Grimace Scale*, elle permet grâce à la position des oreilles, du museau, des moustaches et des paupières, d'avoir une idée de l'intensité de sa souffrance.

Les cellules qui causent la pigmentation chez les chats commencent à se développer près de la colonne vertébrale, mais elles n'arrivent pas toujours à migrer avec succès tout autour du corps. C'est pourquoi les chats ont souvent le ventre blanc !

Le *contrafreeloading* est un comportement observé chez divers animaux (rat, singe, vache, chien…) qui, lorsqu'on leur laisse le choix entre une alimentation gratuite et une alimentation obtenue suite à un effort, choisissent la seconde.
Le seul animal étudié qui n'a pas montré un comportement similaire est, sans surprise, le chat domestique, qui préférait être servi !

Le comportementaliste félin Jackson Galaxy explique que la meilleure façon de se présenter à un chat est d'étendre votre index détendu vers le nez du chat. Il appelle cette technique de façon très poétique « le Michel-Ange » !

Kaeden Griffin, 11 ans, a réalisé un projet d'expo-sciences pour déterminer si l'anus d'un chat touche les surfaces de la maison où il s'assoit. Résultat : l'anus des chats à poils longs et moyens ne touche aucune surface...

LES CHATS PEUVENT ÊTRE
TROMPÉS PAR CERTAINES
ILLUSIONS D'OPTIQUE TOUT
COMME LES HUMAINS.
LE « MOTIF DE KANIZSA »
EST UNE ILLUSION QUI
MET EN AVANT « L'EFFET
DE CONTOUR ILLUSOIRE »,
ET LE CHAT DOMESTIQUE
PRÉFÉRERA S'ASSOIR LÀ OÙ
SEMBLE APPARAÎTRE UN CARRÉ.

En 2013, au nord-est de Moscou, un chat fut « arrêté » alors qu'il se faufilait pour entrer dans la prison de Syktyvkar. Il avait des téléphones portables accrochés au ventre ! Les chats sont parfois utilisés par des bandits qui profitent de leur agilité.

Pitouchi est un chaton que le lieutenant belge Lekeux trouva seul après que sa mère fut tuée. Il le prit depuis lors partout avec lui. Un jour, le lieutenant s'approcha des lignes ennemies allemandes et se cacha dans un trou d'obus à proximité pour pouvoir les espionner. Néanmoins, ces derniers se rapprochèrent dangereusement de sa cachette et Lekeux se dit qu'il était fini ! Mais voilà que Pitouchi sauta du trou et se trouva nez à nez avec les soldats. Ces derniers tirèrent deux coups de feu vers lui mais le ratèrent ! Pitouchi retomba dans le trou sain et sauf. Les soldats, eux, se mirent à rire se disant que ce n'était qu'un chat qu'ils avaient entendu, et s'en allèrent. Lekeux put terminer son croquis, et rentra dans son camp avec son chat sauveur dans la poche !

UNE NOUVELLE ÉTUDE MONTRE QUE LE CHIEN ÉVITERA DE PRENDRE DE LA NOURRITURE OFFERTE PAR UNE PERSONNE QUI S'EST COMPORTÉE NÉGATIVEMENT ENVERS SON MAÎTRE. PAR CONTRE, LE CHAT, LUI, S'EN MOQUERA ET PRENDRA LA FRIANDISE !

*Une étude de 2020 sur les loris lents,
le seul primate à venin connu,
a mis en évidence une similitude avec les
allergies que rencontrent certains humains
au contact des chats ! Comment cela ?
La sécrétion défensive des loris lents
possède une homologie remarquable
avec la principale protéine allergénique
présente chez le chat. Le loris s'en servant
pour se défendre, les chercheurs postulent
que le chat a pu finalement, au fil du temps,
développer lui aussi cet allergène
dans le but de se défendre…*

C'est mon royaume !
Le chat est un grand prédateur,
si bien qu'à la campagne,
un mâle peut s'octroyer
un territoire de chasse
atteignant 1, voire 2 km carrés !
Et il saura se battre contre
les autres chats pour le défendre.

Pourquoi le chat « joue-t-il »
avec sa proie ? Les félins donnent
des proies vivantes
à leur progéniture
à partir d'un mois environ.
Le chaton apprend ainsi à fatiguer
et étourdir sa victime pour
s'assurer qu'il ne risquera rien
(coup de dent de la souris
par exemple) en la mordant.

CONTRAIREMENT À CE QUI SE DIT SOUVENT, LE CHAT N'EST PAS « NOCTURNE ». C'EST UN ANIMAL « CRÉPUSCULAIRE », C'EST-À-DIRE QU'IL EST LE PLUS ACTIF, POUR CHASSER ET POUR JOUER, DURANT LES DEUX PHASES DE LA JOURNÉE QUE SONT LE CRÉPUSCULE ET L'AUBE.

Un chat peut-il être gaucher ou droitier ? Tout à fait ! Même s'il se sert indifféremment de l'une ou de l'autre patte pour des tâches faciles, il utilise toujours la même pour des plus complexes. Pour les femelles c'est généralement la droite, et pour les mâles plutôt la gauche.

La médaille Dickin fut créée en 1943 par Maria Dickin pour honorer les animaux ayant fait un acte de bravoure auprès de forces armées. À ce jour, elle a été décernée à 32 pigeons, 18 chiens, 3 chevaux et… un seul chat ! L'acte de bravoure du chat, nommé Simon, eut lieu en 1949, lorsqu'il se trouvait à bord du *HMS Amethyst*, et que le navire anglais fut canardé et piégé dans une rivière par les forces chinoises. L'équipage vit alors ses rations de nourriture se faire ravager par de nombreux rats ! C'est là que Simon, bien que blessé par un tir, se chargea de tuer avec énergie la colonie de rats pilleurs, remontant ainsi le moral des troupes ! Plusieurs semaines passèrent, le navire fut enfin évacué, et Simon fut reconnu comme un héros. Il mourut de ses blessures quelque temps après.

OÙ CARESSER SON CHAT SELON LA SCIENCE ?

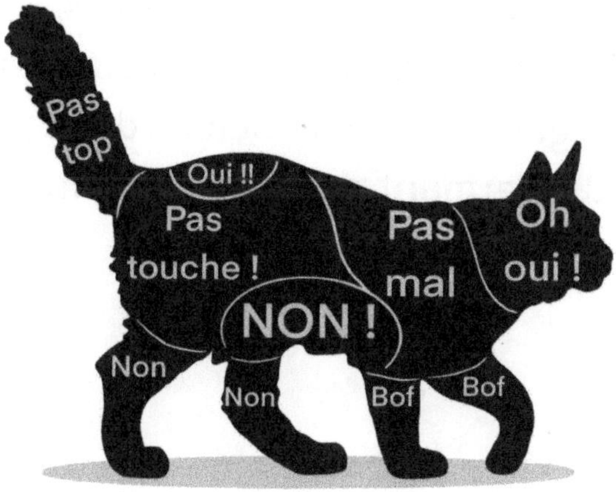

Lorsque votre chat « roucoule »,
c'est toujours bon signe !
Ce mélange de ronronnement
et de miaulement qui donne l'impression
qu'il roule les « R » comme un pigeon,
peut vouloir dire bonjour, qu'il se sent bien,
ou encore qu'il veut un câlin ou jouer.

Tous les chats sont différents face au jeu.
Certains aimeront attraper la « proie »
que vous agitez devant eux,
alors que d'autres, passifs,
prendront autant de plaisir à simplement
la regarder. N'en concluez donc pas
qu'ils n'aiment pas jouer, continuez !

LORSQU'IL EST STRESSÉ,
UN CHAT A BESOIN DE SON
HUMAIN POUR SE SENTIR
EN SÉCURITÉ ! EN EFFET, UNE
ÉTUDE AMÉRICAINE DE 2019
A DÉMONTRÉ QUE LA PLUPART
DES CHATS DOMESTIQUES
UTILISENT BIEN L'ÊTRE HUMAIN
COMME SOURCE DE RÉCONFORT
POUR SE SENTIR EN SÉCURITÉ
LORSQU'IL EST STRESSÉ.

D'autres chercheurs, de l'université de l'Oregon, ont également montré que, contrairement aux idées reçues, les chats tissent avec les êtres humains des liens d'attachement du « même type » que ceux bâtis par les chiens ou par les enfants envers leurs parents. Cependant, les scientifiques ont mis en avant que les chats ne nous aiment pas « exactement » comme les chiens. Des tests ont démontré qu'un chien libère de l'ocytocine (hormone de l'amour) dans son cerveau à des niveaux BEAUCOUP plus élevés que ceux des chats. Un chien en relâche jusqu'à 60 % tandis qu'un chat en libère… 12 %.

LE CHAT RUBIGINEUX (DU LATIN *RUBIGINOSUS*, DÉSIGNANT LA COULEUR DE ROUILLE DE SON PELAGE) EST LE PLUS PETIT CHAT DU MONDE ! VIVANT EN INDE, CE CHAT SAUVAGE AUX GRANDS YEUX ET AUX ALLURES DE CHATON NE MESURE QU'UNE QUARANTAINE DE CENTIMÈTRES POUR 1,5 KG.

Les chats n'auraient aucun problème à manger des humains morts. C'est ce que montre une étude de l'université Colorado Mesa, qui a filmé des chats domestiques en train de manger des cadavres humains, morts depuis quelques jours, dans un laboratoire médico-légal... L'étude insiste bien sur le caractère « rare » d'un tel comportement, bien que très peu d'entre eux ne soient documentés. Les spécialistes ajoutent néanmoins que « tout employé de pompes funèbres ou médecin légiste pourra vous citer un cas où un animal de compagnie, enfermé avec le corps gisant de son propriétaire, aura fini par s'en nourrir... »

Le chat voit des couleurs
que l'humain ne voit pas.
Il voit à l'extrémité
ultraviolette du spectre et,
comme beaucoup de choses
sur Terre renvoient
ces couleurs, cela rend
son environnement
incroyablement plus vivant
que ce que l'Homme perçoit
du monde.

Cet adorable chat est en réalité « le félin le plus meurtrier de la planète » ! Bien que les chats en général aient de très bons scores à la chasse (en moyenne, ils parviennent à attraper 1 oiseau sur 5 et 1 rongeur sur 2) le chat à pieds noirs bat tous les records. C'est un chasseur nocturne très actif qui a un taux de réussite de 60 % chaque nuit ! Il fait une tentative toutes les 30 minutes, et tue un petit animal toutes les 50 minutes ! Avec une quinzaine de petits mammifères chassés chaque nuit, le chat à pieds noirs absorbe environ 300 g de viande, soit 20 % de son propre poids. Cela est remarquable, car il bat le tigre qui absorbe lui aussi le même pourcentage d'un coup, mais ne mangera plus durant plusieurs jours. Bien que le chat à pieds noirs soit un chasseur hors pair et le félin le plus meurtrier du monde (devant le tigre ou encore le léopard), sa petite taille et ses 2 kg (c'est le plus petit félin d'Afrique) font qu'il se fait lui-même manger par les hiboux et les serpents…

La diprosopie est une maladie très rare où des parties du visage sont dupliquées sur la tête. Les chats en souffrant sont appelés « chats Janus », et le record de longévité est détenu par le chat Frankenlouie (Frank and Louie) qui vécut 15 ans ainsi.

Le chat ne nous apporte pas des animaux morts pour nous remercier, mais pour nous nourrir ! Il imite ainsi sa mère : comme il voit « qu'on ne chasse pas », il veut nous nourrir avec des proies mortes, puis, nous apprendre à chasser avec des proies blessées.

LORSQU'UN CAPITAINE OFFRIT
À ERNEST HEMINGWAY
UN « CHAT POLYDACTYLE »
(QUI A PLUS DE DOIGTS QUE
LA NORMALE AUX PATTES),
L'ÉCRIVAIN S'EN PRIT
DE PASSION ET EN EUT
DES DIZAINES. ON TROUVE
ENCORE AUJOURD'HUI
DANS SA MAISON-MUSÉE
LES DESCENDANTS DE CES CHATS,
LES « *HEMINGWAY CATS* ».
ILS POSSÈDENT TOUJOURS
CETTE ORIGINALITÉ !

La langue du chat est plus sophistiquée qu'on ne le pense. Alors qu'on croyait que les papilles sur sa langue étaient de forme conique, comme des griffes, les chercheurs ont découvert qu'en réalité elles se terminent en petites pointes courbes et creuses, et qu'elles attirent, comme une paille, l'eau de la salive afin de la transférer à la base des poils. Cela permet au chat durant sa toilette de faire pénétrer plus profondément les fluides dans les poils. Cette découverte inspire les chercheurs pour le nettoyage plus profond des moquettes et même pour les brosses à cheveux !

Le chat boit en pliant le bout de sa langue vers le bas pour éviter de mouiller son nez ! Il plonge le museau et plie sa langue comme une cuillère, ce qui amène le liquide vers sa gueule. Il courbe la pointe de la langue vers le bas et vers sa face dorsale pour effleurer le liquide, puis la retire aussitôt, ce qui crée une colonne de liquide. Au moment où la gravité prend le pas sur la force d'inertie et que la petite colonne d'eau retombe, le chat referme aussitôt ses mâchoires et aspire alors une partie de cette colonne. À chaque lampée, le chat aspire environ 0,1 ml de liquide. Avec 4 aspirations par seconde, cela correspond à 5 cuillères à café (24 ml) par minute. Une hypothèse expliquant cette technique sophistiquée met en cause la région extrêmement sensible du nez et des moustaches du chat, ce dernier lapant pour la maintenir la plus sèche possible.

Les griffades du chat ne sont pas juste bonnes pour se faire les griffes. Elles ont pour but de marquer son territoire et de communiquer : le chat possède entre les coussinets des glandes sudoripares émettrices de phéromones qui servent à signaler son passage aux autres chats. En outre, les traces de griffades sont un marquage visuel pour signaler la présence d'un chat sur le territoire.

LES CHATS DOMESTIQUES
UTILISENT UN LANGAGE CHIMIQUE
COMPLEXE POUR MARQUER
LEUR TERRITOIRE,
AVEC DES MESSAGES QUI DISENT
AUX AUTRES CHATS PAR EXEMPLE
QUI ILS SONT ET S'ILS SONT
PRÊTS À SE REPRODUIRE.
CES BACTÉRIES SONT
DIRECTEMENT « CULTIVÉES »
DANS LEUR ANUS !
UNE ÉTUDE A RÉVÉLÉ QU'ILS
NE FABRIQUENT PAS LA PLUPART
DE CES PRODUITS CHIMIQUES
EUX-MÊMES ; EN EFFET,
LES RECHERCHES MONTRENT
QU'ILS « SOUS-TRAITENT »
UNE GRANDE PARTIE
DE LEUR PRODUCTION
AUX MICROBES VIVANT
DANS LEURS GLANDES ANALES !

Les chats peuvent « vocaliser »
en tout 100 sons différents,
tandis que les chiens
peuvent seulement en produire 10.

*La queue du chat
est un organe fondamental
qui lui permet de garder
son équilibre pour traverser
des « passerelles » très fines,
fonctionnant exactement comme
une perche de funambule.*

Dans la nature, les chats dominants, comme les autres félins, n'enterrent pas leurs excréments pour revendiquer une zone. Ce sont les « soumis » qui, eux, les enterrent. À la maison, si votre chat les enterre, c'est qu'il vous considère bien comme son dominant. Sinon, il peut les laisser à l'air libre afin de laisser leur odeur pour vous montrer que votre maison est en fait son territoire !

La « poche de henry »,
ou « poche cutanée marginale »,
est ce fameux pli formant
une poche ouverte sur l'oreille
de certaines espèces,
visible sur le chat domestique
et certains chiens.
On ne sait toujours pas vraiment
à quoi elle sert.

TON CHAT TE « PÉTRIT » AVEC SES PATTES QUAND IL EST HEUREUX CAR C'EST CE QU'IL FAISAIT SUR LE VENTRE DE SA MÈRE POUR FAIRE MONTER LE LAIT.

À la course, la vitesse moyenne du chat est de 40 km/h, et il bat le chien domestique. En revanche, comme ce n'est pas un coureur de fond, il se fatigue assez vite. Le record du monde du 100 m détenu par Usain Bolt est de 9,58 secondes, soit 0,58 secondes de plus que le chat !

Le chat possède 32 muscles dans chaque oreille ! Ses oreilles fonctionnent comme des antennes paraboliques qu'il peut diriger indépendamment sur un angle de 180 degrés sans bouger la tête. Il peut alors localiser avec précision la source d'un bruit et même déterminer sa distance !

National Geographic étudia en 2014 les habitudes des chats qui ont la manie de partir de chez eux, grâce à de petites caméras attachées au collier de 60 chats. L'étude révéla que les principaux risques auxquels les chats sont exposés sont : la traversée des routes, la rencontre de chats errants, la consommation de substances douteuses, l'exploration des systèmes de drainage des eaux de pluie, ainsi que des lieux étroits dans lesquels ils peuvent se retrouver piégés !

Les chats pètent-ils ?
Même si vous ne les avez jamais entendus le faire, la réponse est évidemment : oui ! Mais comme ces petits êtres sont extrêmement détendus et ont un anus complètement relâché, ils pètent, oui, mais toujours en silence, et avec grâce…

LORSQUE LES CHATS VIVENT EN GROUPE, IL Y A UNE SYNCHRONISATION DE L'ŒSTRUS ENTRE LES FEMELLES. CECI FAVORISE LES NAISSANCES SYNCHRONISÉES ET PERMET UN ÉLEVAGE COMMUNAUTAIRE DES JEUNES. L'ÉLEVAGE COMMUNAUTAIRE EST IMPORTANT CAR, EN CAS DE DISPARITION D'UNE DES MÈRES, LES CHATONS ORPHELINS SONT ÉLEVÉS PAR LES AUTRES FEMELLES.

LES CHATS QUI S'APPRÉCIENT PRATIQUENT « L'ALLOTOILETTAGE », ILS SE LÈCHENT MUTUELLEMENT POUR DÉPOSER SUR L'AUTRE DES PHÉROMONES APAISANTES.

En 1981, une chatte noire errante s'installe chez la famille Ruga à Lakewood, en Californie. Elle possédait 2 étonnantes oreilles retournées vers l'arrière.
Elle mit au monde une portée de chatons avec les mêmes oreilles. C'est ainsi que la race American Curl est née.

L'American Curl,
avec ses oreilles
retroussées,
est connu comme
le « Peter Pan » des chats
car il conserve une
personnalité semblable
à celle d'un chaton
tout au long de sa vie.
Il est extrêmement axé
sur les gens et veut
toujours être inclus
dans toutes les activités
de ses maîtres.

Chez le chat, les chatons
d'une même portée peuvent
être de plusieurs pères.
Cela s'appelle la
« superfécondation ».
À chaque pénétration,
la chatte émettra
un nouvel ovule,
ce qui explique pourquoi
les chatons d'une même portée
peuvent être
de pères différents !

Le chat est également prédisposé à la « superfétation » : c'est-à-dire l'implantation d'une nouvelle grossesse dans un utérus qui en contient déjà une en développement. La chatte portera alors simultanément des bébés prêts à naître et une autre portée d'embryons !

IL EXISTE DES « CHATS AILÉS » ! CERTAINS CHATS ONT SUR LE DOS DES APPENDICES (MALFORMATIONS) RESSEMBLANTS À DES AILES.

Tous ces noms donnés à nos amis félins forment un jeu de mots avec « chat » : Mallow ; Pito ; Teigne ; Bada ; Terton ; Rabia ; Rio ; Rogne ; Pitre ; Touille ; Timen ; Lutier ; Kira ; Chuffy ; Pristi ; Metone ; Peron ; Lumo ; Balle…

Dans l'Égypte ancienne,
la déesse Bastet,
qui était associée à la joie du foyer
et à la maternité,
avait un corps de femme
et une tête de chat !

Chez les mammifères, la durée moyenne d'un pipi est d'environ 20 secondes. Et c'est valable pour un chat, comme pour un énorme éléphant ! L'explication réside dans le fait que plus l'urètre est long, plus le liquide prend de la vitesse et le débit augmente, et aussi au fait que plus l'animal est gros, plus son urètre est large. Ces deux paramètres font que le chat comme l'éléphant mettent chacun 20 secondes à uriner. La miction du chat ne représente pourtant pas plus d'un demi-verre de vin alors que celle de l'éléphant équivaut à environ 20 bouteilles !

Dans l'Égypte ancienne,
lorsque le chat domestique
(qui protégeait le grain, et de la peste)
venait à mourir, toute la maisonnée
se rasait les sourcils en signe de deuil
(si c'était le chien qui était mort,
alors on se rasait tout le corps, et la tête).
À sa mort, il était momifié et enterré
avec des petites momies de souris !
Ta-Miu par exemple, était le chat
du prince héritier Thutmose
(Thoutmôsis), le fils aîné du pharaon
Amenhotep III et de la reine Tiye.
Après sa mort, il fut momifié et enterré
dans un sarcophage richement décoré !
Ta-Miu n'était pas le seul :
environ 80 000 sépultures félines
ont été découvertes par les Anglais
en 1888 dans une tombe en Moyenne-Égypte. Les chats avaient été enterrés
avec des provisions, comme du lait,
et des souris momifiées !

Les Anglais ont ramené toutes
ses momies félines chez eux,
les ont réduites en poudre,
et en ont fait de l'engrais...

LE CHAT PERÇOIT LES ULTRASONS
JUSQU'À 50 000 Hz
(ALORS QUE L'OREILLE HUMAINE
EST LIMITÉE À 20 000 Hz),
POUVANT AINSI DÉTECTER
DE NOMBREUSES ESPÈCES
DE RONGEURS QUI PRODUISENT
DES CRIS EN ULTRASONS !
LE CHAT LES ENTEND ALORS
QU'ILS SONT CACHÉS AU FOND
DE LEURS TERRIERS.

CERTAINS PENSENT ÊTRE ALLERGIQUES AUX POILS DE CHAT, MAIS EN RÉALITÉ LES POILS N'Y SONT POUR RIEN. C'EST UNE PROTÉINE, PRODUITE PAR LES GLANDES SÉBACÉES ET PAR LA SALIVE QUI SE RETROUVE SUR LES POILS LORSQU'IL FAIT SA TOILETTE, QUI EST RESPONSABLE DES ALLERGIES. D'AILLEURS, LE CHAT SPHYNX EST CONNU POUR NE PAS AVOIR DE POILS SUR LE CORPS, ET CERTAINS D'ENTRE EUX N'ONT MÊME PAS DE MOUSTACHES DU TOUT ! POURTANT, ET CE MALGRÉ SON ABSENCE DE POILS, LE SPHYNX PEUT TOUT DE MÊME PROVOQUER DES ALLERGIES.

Certaines études montrent qu'il pourrait y avoir un lien entre la couleur du pelage d'un chat et son caractère. Bien que cette notion soit à relativiser (d'autres facteurs peuvent influencer le chat), les statistiques montrent que les chattes bicolores ou tricolores contenant du roux, les calicos (avec des poils foncés, roux et blancs), les torbies (écailles de tortue ou calicos avec en plus des marques de tigrure), les chats noir et blanc ainsi que les gris et blanc sont souvent plus agressifs envers les humains. En revanche, les chats tigrés, noirs, blancs ou gris, seraient ceux qui ont le caractère le plus doux.

On sait que, depuis l'Égypte antique, les chats ratiers sont utilisés pour chasser les souris et protéger les greniers à grains. Tower était un chat ratier qui fut utilisé par une entreprise de dératisation au XXe siècle. Tout au long de sa carrière de chat dératiseur, il a chassé un total de 28 899 souris ! Ce qui fait de lui le plus grand chasseur de souris connu au monde.

SELON UNE ÉTUDE DE 2014 DE L'UNIVERSITÉ DU KANSAS, 42 % DES PERSONNES INTERROGÉES DORMENT AVEC LEUR CHAT ET 30 % D'ENTRE ELLES SONT MÊME RÉVEILLÉES AU MOINS UNE FOIS PAR NUIT PAR LEUR BOULE DE POILS. L'ÉCRIVAIN MARK TWAIN, CONNU POUR *LES AVENTURES DE TOM SAWYER*, AIMAIT TELLEMENT LES CHATS QUE, MÊME LORSQU'IL ÉTAIT EN VACANCES LOIN DE CHEZ LUI, IL EN LOUAIT SUR PLACE POUR QU'ILS LUI TIENNENT COMPAGNIE. TWAIN DISAIT QUE « SI L'ON POUVAIT CROISER L'HOMME ET LE CHAT, CELA AMÉLIORERAIT PROBABLEMENT L'HOMME, MAIS SÛREMENT PAS LE CHAT ». IL EN AVAIT PLUSIEURS AUXQUELS IL DONNAIT, À L'EXEMPLE DE RICHELIEU, TOUJOURS DES NOMS ATYPIQUES : APOLLINARIS, BAMBINO, BEELZEBUB, BLATHERSKITE, BUFFALO BILL, SOUR MASH, TAMMANY ET ZOROASTER.

Le chat n'a pas peur
du vide ! Ce qui fait que,
lorsqu'il chasse un oiseau,
il n'hésitera pas une seconde
à sauter vers l'inconnu,
sans savoir ce qui l'attend
en contrebas !
Il tombe alors parfois
de très haut !

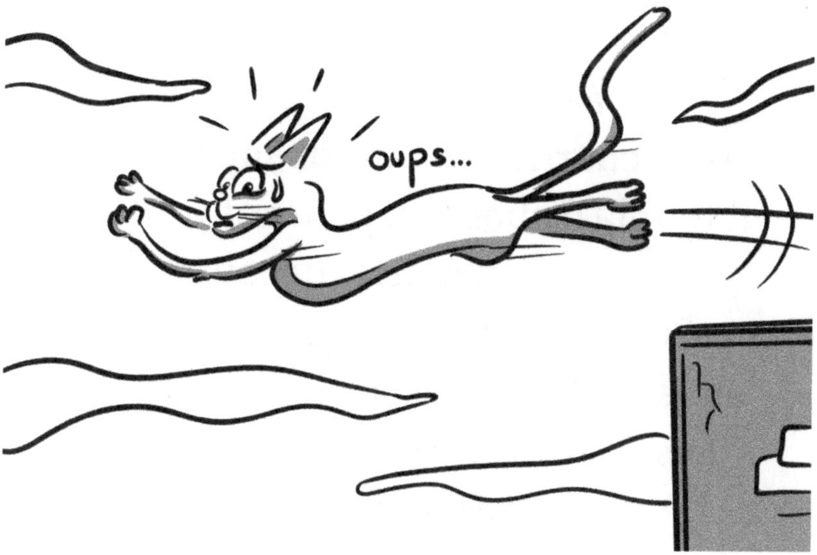
oups...

Dans les années 1960,
l'ambassadeur des Pays-Bas
à Moscou, Henri Helb, remarqua
que ses 2 siamois n'arrêtaient pas
de griffer l'un des murs
de l'ambassade. Se résignant
à chercher pourquoi
ils s'acharnaient autant sur ce mur,
il fouilla d'abord en pensant trouver
des souris, mais il découvrit
30 petits microphones cachés
dans les planches pour l'espionner !
Les chats entendaient les micros
se déclencher !

LE « PROBLÈME TITI ET GROSMINET » EXISTE BEL ET BIEN ! 30 % DE LA MORTALITÉ DES OISEAUX DE COMPAGNIE EST LIÉE AU CHAT DOMESTIQUE !

La plupart des langues du monde ont un mot assez similaire pour traduire « MIAOU » ! Le voici dans les langues européennes :

Langue	Occurrence
albanais	mjaullin
basque	meow
biélorusse	мяў
bosniaque	mjau
bulgare	мяукане
catalan	miol
croate	mijau
allemand	miauen
grec	νιαούρισμα
irlandais	meow
letton	ņau
macédonien	meow
norvégien	meow
portugais	miar
russe	мяу
slovaque	mňaukať
espagnol	maullido
ukrainien	мяу
yiddish	ואַימ

Langue	Occurrence
tchèque	mňoukat
danois	meow
néerlandais	miauwen
estonien	näugumine
finlandais	miau
français	miaou
galicien	miar
hongrois	miau
islandais	meow
italien	miagolio
lituanien	meow
maltais	meow
polonais	miauczeć
roumain	miau
serbe	мијау
slovène	mijav
suédois	jama
gallois	meow

Instinctivement, le chat n'aime pas boire
dans sa coupelle d'eau si elle se trouve
posée à côté de celle contenant
sa nourriture et cherchera d'abord
un autre point d'eau dans la maison,
comme le robinet ou les pots de plantes :
la clef de ce mystère réside dans le fait
que le chat domestique possède toujours
son instinct d'animal sauvage et que,
dans la nature, lorsqu'un félin trouve
une source d'eau au bord de laquelle
se trouve une proie ou un animal mort,
son instinct lui dit de ne pas boire
de cette eau sûrement contaminée.

Malgré Internet, il existe encore
des chats à découvrir sur Terre !
Le chat bai, ou chat doré de Bornéo,
est l'un des chats sauvages
les plus rares au monde.
Seuls 12 spécimens ont été étudiés
entre 1874 et 2002,
et la première photographie de ce félin
à l'état sauvage date de 1998.
Quant à la première vidéo capturant
le félin, elle date de 2009.

Le parfum *Obsession* de Calvin Klein plaît beaucoup aux chats sauvages !
Les scientifiques l'utilisent même pour les attirer dans la nature afin de mieux les étudier (ils s'en servent également pour les autres félins comme les tigres, les jaguars ou les guépards).

*Un chat se frotte aux gens pas
seulement pour leur faire des câlins,
mais aussi pour marquer
son territoire : il dépose la sécrétion
des glandes sébacées qui se trouvent
dans la zone des tempes, entre l'œil
et l'oreille, autour de la bouche
et à la base de la queue.
Ces glandes produisent
des « phéromones de familiarisation »
qui transforment les « objets
marqués » en « objets familiers »,
dont vous !
S'il frotte sa bouille contre la vôtre,
vous venez de tomber
sous sa « propriété » !*

NANSEN ÉTAIT LE CHAT DE NAVIRE À BORD DE LA *BELGICA* EN CHARGE DE L'EXPÉDITION BELGE EN ANTARCTIQUE DE 1897 ! MALHEUREUSEMENT, LE 22 JUIN 1898, NANSEN MOURUT ET FUT ENTERRÉ DIRECTEMENT DANS LA GLACE DE L'ANTARCTIQUE.

Les chats domestiques, en particulier les jeunes, adorent jouer car cela leur apprend la chasse ! Ils traquent le jouet, le capturent et le tuent ! Cela explique qu'ils préfèrent jouer avec de petits objets à l'allure de proies, comme des jouets à fourrure qui peuvent bouger rapidement. En revanche, comme pour de vraies proies, ils se lasseront vite d'un jouet qu'ils ont déjà « mis à mort ».

Le chat possède l'art d'imitation !
C'est pourquoi
il observe énormément
pour tirer des conclusions
et reproduire ce qu'il voit.
Par exemple, il peut vous
observer utiliser le robinet,
ouvrir les portes, etc.
puis tenter de reproduire cela.

Des expériences ont démontré que les chatons imiteront plus facilement et avec succès leur mère en train de faire un acte précis, plutôt qu'un chat inconnu faisant exactement la même chose qu'elle.

POURQUOI LE CHAT AIME-T-IL
QU'ON LUI GRATTE LA TÊTE ?
SÛREMENT PARCE QU'IL
NE PEUT PAS LE FAIRE
LUI-MÊME ! CE GESTE
LUI RAPPELLE CE QUE
LUI FAISAIT SA MÈRE
EN LUI LÉCHANT LA TÊTE,
ET COMME IL NE PEUT
ATTEINDRE CETTE ZONE,
IL CONSIDÈRE CELA COMME
UN BON SERVICE
QUE VOUS LUI RENDEZ !

*Un chat est capable
de faire fuir un autre chat
uniquement avec un regard,
regard qui semble pourtant innocent
aux observateurs humains.*

Le margay, également appelé
chat-tigre, est un chat sauvage
qui vit en Amérique centrale et du Sud
qui, en plus de son agilité physique,
sait imiter le cri de ses proies !
Ce chat sauvage reproduit en effet le cri
des petits singes ou des rongeurs
pour les attirer avant de les capturer !
Diabolique !

Le chat d'appartement qui attaque régulièrement les pieds de son maître peut tout simplement être en manque d'activité ! En effet, vous remarquerez sûrement que cela arrive souvent le matin ou le soir, des moments où il a des pics d'énergie et a besoin de se défouler ! Lui donner un jouet lui permettra de passer cet instant d'excitation autrement que sur vos chevilles.

Bien que l'humain adore câliner les chats avec leur douce fourrure, des études ont démontré que, de tous les chats étudiés et observés, les plus affectueux sont les chats... sans poils : les sphynx ! La science n'explique pas vraiment pourquoi, mais une des hypothèses est que ce chat sans poils recherche la chaleur et, du coup, offre des câlins sans limites !

LE CHAT EST UN CARNIVORE QUI AVALE ABSOLUMENT TOUT CHEZ SA PROIE ! LES POILS, LE SQUELETTE (QU'IL BROIE), LES VISCÈRES... MIAM !

Lors de la Saint-Jean, au XVIIe siècle en France, des chats étaient souvent réunis dans un panier au-dessus d'un feu de joie pour être brûlés (selon la croyance populaire, la veille de la Saint-Jean, les félins participaient à un sabbat géant avec des sorcières). Louis XIV lui-même, en 1648, couronné de roses et portant un bouquet de ces mêmes fleurs, alluma le feu de ce terrible bûcher, avant de l'interdire dans tout son royaume !

Abraham Lincoln est le premier président à avoir introduit un chat à la Maison-Blanche. Ce matou, appelé Tabby, mangea même un soir directement sur la table avec lui lors d'un dîner officiel, et le président lui donna à manger avec une fourchette en or ! Cela irrita sa femme, mais Lincoln lui répondit : « Si la fourchette en or était bonne pour l'ex-président James Buchanan, je pense qu'elle l'est pour Tabby ! »

*Le chat en se léchant
enlève les poils morts,
ce qui lui permet de garder
une bonne synthèse de la vitamine D
quand il s'expose au soleil.*

La race de chat domestique Lykoï
(du grec *lykos*, « loup »)
possède une mutation génétique
inhabituelle qui lui a valu
ce surnom : la peau autour
des yeux, du museau et du menton
est sans poils, alors que,
tout autour, des poils poussent
dans tous les sens le faisant
fortement ressembler
à un loup-garou !

Dans les années 1870 en Belgique,
la ville de Liège tenta d'utiliser
37 chats pour livrer le courrier,
comme des facteurs,
dans certains quartiers.
L'objectif était d'exploiter
la capacité des félidés
à retrouver leur domicile,
quelle que soit la distance
qui les en éloigne.
Cette expérience s'appuyait
sur leur sens de l'odorat plus
développé que le nôtre,
ainsi que sur leur remarquable
mémoire et leur capacité unique
à créer et visualiser une carte
mentale de leurs environs !
Les chats ont donc été éloignés
de leur domicile, et des sacs
étanches contenant des messages
leur ont été attachés.
Malgré la nature singulière
de cette expérimentation, elle a
été couronnée de succès ! En moins
de 24 heures, tous les félidés
ont retrouvé le chemin de leur
maison, le meilleur groupe
accomplissant même le trajet
en moins de cinq heures !

En Australie, les chercheurs ont découvert que, lorsqu'il y a des incendies de forêt, les chats sauvages savent en tirer profit ! Lorsqu'il y a un départ de feu, la zone touchée voit alors le nombre de chats présents se multiplier par 4 ! La majorité d'entre eux font même plus de 12 km depuis leur territoire habituel pour venir dans ces endroits où ils vont pouvoir chasser avec beaucoup plus de succès : dans les zones denses en végétations, le taux de survie d'une proie est de 80 %, alors que dans ces zones découvertes, il tombe à 20 %. Le chat, en fin stratège, sait tirer avantage du feu.

En 1601, alors que le comte Henry Wriothesley était emprisonné dans la Tour de Londres, sa chatte Trixy traversa la ville à la recherche de son maître et finit par trouver la cheminée qui la mena à lui ! Surprise extraordinaire pour lui, elle partagea sa cellule durant 2 ans ! À sa sortie de la Tour de Londres, il fit peindre un portrait de lui et de sa chatte lui tenant compagnie en prison. Le tableau est aujourd'hui exposé à Boughton House en Angleterre.

Des chiens et des chats ont été soumis
à une étude intéressante :
on les a chargés de résoudre
des casse-têtes dans une pièce
où des humains étaient présents.
L'étude du *Journal of Comparative Psychology* a démontré que les chiens
cherchaient de l'aide auprès des humains
lorsque la tâche leur semblait impossible
à résoudre, alors que les chats...
essayaient tout seuls !

La chatte Jenny est à l'origine d'une énigme insoluble : est-elle, oui ou non, restée à bord du *Titanic* ? Jenny était une chatte de navire qui fut transférée de l'*Olympic* sur le *Titanic* une semaine avant le départ du paquebot tristement célèbre pour avoir coulé le 14 avril 1912. Elle vivait dans la cuisine et accoucha de chatons quelques jours avant le départ. Une passagère qui a survécu au naufrage raconte dans ses mémoires qu'elle a vu les chats dans le navire au moment du drame. Seulement, un autre témoignage publié dans l'*Irish News*, un quotidien irlandais,

RAPPORTE QU'UN CHAUFFEUR A VU
JENNY SORTIR DU *TITANIC*,
DE MÊME QUE SES CHATONS
UN À UN, LE LONG
DE LA PASSERELLE SUR LE QUAI
AVANT LE DÉPART DE CELUI-CI...
JENNY ET SES PETITS ONT-ILS
COULÉ AVEC LE *TITANIC*
OU SONT-ILS SORTIS
JUSTE AVANT ?
CETTE QUESTION EST ENCORE
AUJOURD'HUI SANS RÉPONSE...

ENVIRON UN TIERS DE LA JOURNÉE D'UN CHAT EST CONSACRÉ... À TUER, OU À TENTER DE TUER, DE PETITES CRÉATURES !

Les chats roux...
ont des taches de rousseur !
Les chats peuvent aussi avoir
ces jolies petites taches
sur le visage. Mais chez eux,
ce sont de petits points noirs
ou du moins plus foncés
que le reste du pelage.

80 % DES CHATS ROUX SONT DES MÂLES.

On appelle chat haret un chat domestique qui est retourné à l'état sauvage, après s'être échappé ou après avoir été abandonné.

CHARLES IER CONSIDÉRAIT SON CHAT NOIR (APPELÉ TOUT SIMPLEMENT CAT) COMME SON PORTE-BONHEUR. IRONIE DU SORT, CHARLES IER FUT ARRÊTÉ POUR ÊTRE TUÉ LE LENDEMAIN DE LA MORT DE SON CHAT…

COMME LES HUMAINS, LES CHATS VIVENT PLUS VIEUX DE NOS JOURS QUE PAR LE PASSÉ. DEPUIS LES ANNÉES 1930, LEUR ESPÉRANCE DE VIE A CARRÉMENT DOUBLÉ ET EST PASSÉE DE 8 À 16 ANS EN MOYENNE (LES CHATS D'INTÉRIEUR VIVENT DE 12 À 16 ANS, CONTRE 4 À 5 ANS POUR LES CHATS ERRANTS).

Les chats perdent presque autant de liquide corporel en se toilettant qu'en urinant !

Himmy, un chat castré qui vivait à Cairns en Australie, était connu pour être le chat le plus lourd du monde avec un poids de 21,3 kg ! Il est mort à l'âge de 10 ans en 1986. Depuis, le *Guinness des records* a cessé d'enregistrer les animaux de compagnie les plus lourds au monde afin de décourager les propriétaires d'animaux qui voudraient les suralimenter dans le but d'être célèbres, ce qui est considéré comme de la maltraitance !

LES YEUX DU CHAT PÈSENT ENVIRON 10 G. EN COMPARAISON, L'ŒIL HUMAIN PÈSE ENVIRON 7 G, ALORS QU'UN HOMME ADULTE EST 15 FOIS PLUS LOURD QU'UN CHAT !

Le « réflexe de basculement latéral » du chat est sa capacité innée à s'orienter lorsqu'il chute pour atterrir sur ses pattes ! Ce réflexe apparaît chez le chaton vers 3 ou 4 semaines, et il le maîtrise très bien au bout de 7 semaines.

Le chat peut réaliser cette prouesse
grâce à la flexibilité exceptionnelle
de sa colonne vertébrale,
qui possède des coussinets élastiques
entre chaque vertèbre,
et au fait que ses omoplates
sont reliées au squelette
par des muscles et non par des os,
lui permettant ainsi de bouger
avec souplesse.
Environ 1,50 m de chute
minimum est néanmoins nécessaire
pour qu'un chat puisse accomplir
cet exploit.

1
2
3
4
5
6

Le chat est nyctalope (il a la faculté de voir dans la pénombre), et l'intensité lumineuse influence la forme de sa pupille : elle sera allongée en fente étroite en pleine lumière et elle se dilatera en un cercle parfait dans la pénombre. Cependant, contrairement à une idée répandue, il est parfaitement incapable de voir dans le noir complet !

IL EST VRAI QUE LE CHAT POSSÈDE BEAUCOUP DE BÂTONNETS QUI LUI OFFRENT UNE BONNE VISION NOCTURNE. EN REVANCHE, IL A TRÈS PEU DE CÔNES, CES CELLULES PHOTORÉCEPTRICES QUI PERMETTENT DE VOIR LES COULEURS. DU COUP, IL LES PERÇOIT TRÈS PEU : PRATIQUEMENT QUE LE JAUNE ET LE BLEU ! IL NE DISTINGUE PAS LE VERT DU ROUGE, EXACTEMENT COMME LES PERSONNES DALTONIENNES. EN FAIT, GLOBALEMENT, IL VOIT LE MONDE EN PASTEL !

Les chats ont une couche réfléchissante derrière la rétine, un *tapetum lucidum*, appelé en français « tapis clair ». C'est cette couche spécifique qui fait briller les yeux des chats dans le noir, car la lumière entrante traverse la rétine puis rebondit !

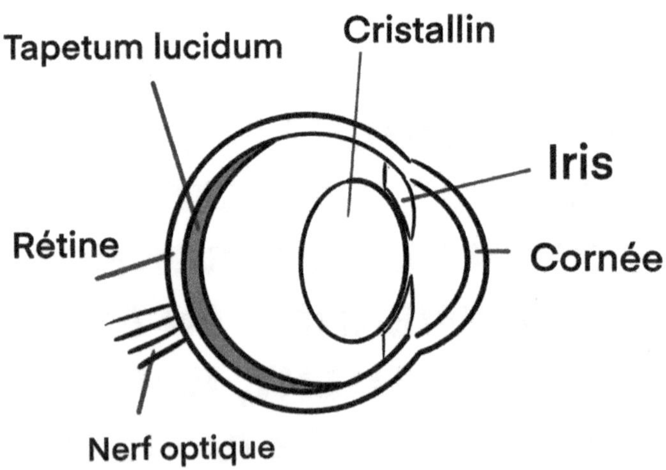

Un chat peut être influencé
par la personnalité de son maître !
La recherche a montré que les
maîtres avec un « neuroticisme élevé »
(des personnes souffrant d'anxiété,
de dépression, de colère
ou de solitude) possédaient
des animaux qui présentaient
le même comportement ! À l'inverse,
les propriétaires qui sont plus
stables émotionnellement et
psychologiquement ont des félins plus
calmes, heureux et en bonne santé !

Le chat a une bonne vue,
mais pas à toutes les distances.
Il ne nous verra nettement
que si nous sommes situés
à quelques centimètres,
ou bien à une dizaine de mètres de lui.
La vue humaine est environ 7 fois
plus nette que celle d'un chat !
Le chat sait remarquer les mouvements
rapides de ses proies, en revanche,
pour les choses se déplaçant lentement,
pourtant bien visibles pour l'humain,
ce sera plus difficile, et elles lui sembleront
totalement immobiles !

DES ÉTUDES SUR DES CHATS EN SURPOIDS ONT MONTRÉ QUE METTRE SON CHAT AU RÉGIME LE RENDAIT PLUS AFFECTUEUX ENVERS LEUR MAÎTRE !

En grec ancien, le chat s'appelait *αἴλουρος* [*aílouros*], ce qui signifie « qui remue sans cesse la queue ».

Un « ailurophile » – du grec ancien *αἴλουρος* [*aílouros*] « chat » – est une personne qui aime les chats.
À l'inverse, les « ailurophobes » ont la phobie des chats ! Cette peur irraisonnée se manifeste non seulement à la vue ou à la pensée d'un chat, mais aussi

à tout ce qui y est lié : toute effigie de chat, ronronnement, litière, croquettes, et même la simple évocation de l'animal !

Henri III était atteint d'ailurophobie, pouvant même tomber dans les pommes en leur présence. Il organisa alors un véritable massacre : des milliers de chats furent abattus durant son règne pour lui éviter d'en croiser un.

LE CŒUR D'UN CHAT BAT PRESQUE 2 FOIS PLUS VITE QUE CELUI DE L'HUMAIN, ENTRE 110 ET 140 BATTEMENTS PAR MINUTE, CONTRE 60 À 80 POUR NOUS.

En 2008, les propriétaires de Dusty ont commencé à remarquer que des objets qui ne leur appartenaient pas apparaissaient dans leur maison… Leur chatte avait au fil du temps volé chez les voisins plus de 500 objets ! 16 gants de toilette, 7 éponges, 213 torchons, 7 débarbouillettes, 5 serviettes de toilette, 18 chaussures, 73 chaussettes, 100 gants, 1 paire de mitaines, 3 tabliers, 40 balles, 4 sous-vêtements, 1 collier de chien, 6 jouets en caoutchouc, 1 couverture, 3 jambières, 2 Frisbees, 1 couvre-club de golf, 1 masque de sécurité, 2 sacs en filet, 1 sac de ballons à eau, 1 pantalon de pyjama, 8 maillots de bain ! Elle fut surnommée « *Dusty The Klepto Kitty* » !

Mimine est une chatte qui a disparu le jour
du déménagement de sa maîtresse.
Cette dernière partant à 800 km
ne se doutait pas que 13 mois plus tard,
elle retrouverait Mimine devant sa porte…
épuisée et ayant retrouvé sa maîtresse
des centaines de kilomètres plus loin !

Stewie est le chat domestique
de Robin Hendrickson
et il est connu comme
le chat le plus long
du monde. Du museau
jusqu'au bout de la queue :
123 cm !

ANDY, LE CHAT DONT LE MAÎTRE ÉTAIT LE SÉNATEUR DE FLORIDE, TOMBA DE 16 ÉTAGES SANS SE TUER ! MAIS LE RECORD EST DÉTENU PAR UN CHAT AMÉRICAIN QUI FIT UNE CHUTE DE 32 ÉTAGES (137 M, SOIT PLUS HAUT QUE LE 2E ÉTAGE DE LA TOUR EIFFEL) ! IL S'EN SORTIT AVEC JUSTE UNE DENT DE CASSÉE !

Une étude sur les chats ayant fait des chutes impressionnantes de plusieurs dizaines d'étages a permis de faire une découverte étonnante : « Le taux de blessures augmente en proportion directe de la hauteur de la chute, mais après 7 étages, ce taux se stabilise ! » En clair, les chances de survie et la gravité des blessures sont les mêmes, peu importe que la chute ait été de 7 ou de 32 étages ! Tant que sa chute est en accélération, le chat reste un peu tendu et étire ses membres vers le bas, ce qui augmente le risque de blessure. En revanche, dès qu'il atteint la vitesse « maximale » (ou « terminale ») de chute, il se détend automatiquement (son système de l'équilibre est moins stimulé) et il écarte ses membres, à l'horizontale. Étalé ainsi, il ressemble alors à un parachute et résiste à l'air.

LA PREMIÈRE EXPOSITION FÉLINE AU MONDE A EU LIEU AU *CRYSTAL PALACE* DE LONDRES EN JUILLET 1871. DES CENTAINES DE FÉLINS (ET DES DIZAINES DE RACES) ONT ÉTÉ EXPOSÉS ET ENVIRON 200 000 INVITÉS AURAIENT ASSISTÉ À L'ÉVÉNEMENT.

Pourquoi les chats aiment-ils
se blottir dans des boîtes ?
Les experts animaliers pensent que
les espaces clos permettent aux félins
de se sentir protégés et sécurisés,
un peu comme s'ils étaient
dans l'utérus de leur mère !
Les chercheurs ont démontré que,
lorsque les chats ont des boîtes
pour s'y blottir, ils s'adaptent plus
rapidement à un nouvel endroit
et sont moins stressés que ceux
qui n'en ont pas !

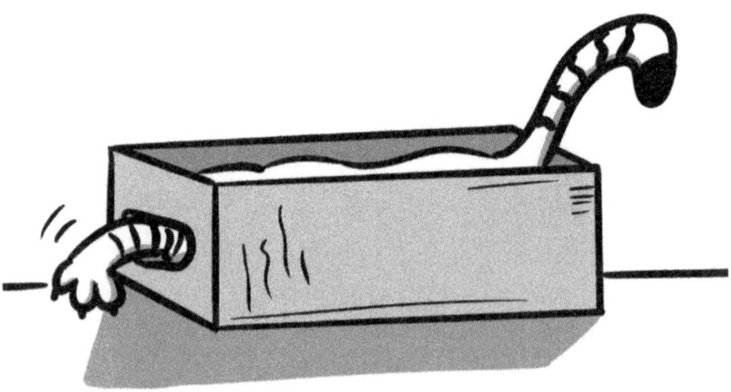

LE CHAT ADORE AUSSI DORMIR
DANS LES PANIÈRES À LINGE,
ESSENTIELLEMENT CAR CE SONT
DE BONNES CACHETTES
AVEC DES TROUS
POUR REGARDER DISCRÈTEMENT
À L'EXTÉRIEUR !

Un chat a plus d'os dans son corps qu'un humain, 244 contre 206 !

Le chameau et le dromadaire sont connus pour leur marche particulière appelée l'amble : ils avancent à la fois les deux pattes de droite, puis les deux pattes de gauche. Eh bien le chat, bien que marchant à la diagonale (avant droit avec arrière gauche, et vice-versa), marche parfois l'amble lorsqu'il est pressé !

LORSQU'UN CHAT DOMESTIQUE GRATTE LE CARRELAGE OU LE SOL À CÔTÉ DE SA GAMELLE, IL SAIT TRÈS BIEN QU'IL NE PEUT PAS Y CREUSER UN TROU. ALORS POURQUOI FAIT-IL CELA ? POUR DÉPOSER DES PHÉROMONES (PRÉSENTS ENTRE SES COUSSINETS) ET S'ASSURER QUE, SI UN AUTRE CHAT S'APPROCHE, IL COMPRENNE TOUT DE SUITE QU'IL EST SUR UN TERRITOIRE QUI NE LUI APPARTIENT PAS !

LE CHAT DOMESTIQUE PARTAGE 95,6 % DE SON PATRIMOINE GÉNÉTIQUE AVEC LE TIGRE ! ET IL MANIFESTE CERTAINS COMPORTEMENTS PROPRES AU TIGRE : LE JEU AVEC SES PROIES ET LEUR HARCÈLEMENT ! SELON UNE AUTRE ÉTUDE DE L'UNIVERSITÉ D'ÉDIMBOURG, LA PERSONNALITÉ DES CHATS DOMESTIQUES EST ÉGALEMENT « ÉTONNAMMENT SIMILAIRE » À CELLE DES LIONS !

L'Union internationale pour la conservation de la nature a classé le chat sur la liste des espèces « envahissantes », « les plus agressives et nuisibles » ! En effet, le chat est considéré dans bien des endroits comme une menace pour les reptiles et les amphibiens qu'il tue par centaines de milliers, ainsi que pour les oiseaux en voie de disparition !

Les humains ne sont pas les seuls à pouvoir souffrir de sénilité ou de la maladie d'Alzheimer, les chats le peuvent aussi ! Les indices à surveiller sont les vocalisations étranges (les vieux chats atteints d'Alzheimer se mettent souvent à miauler sans cesse pour rien), la perte d'habitude du bac à litière et une attention réduite pour son toilettage.

Calvin Coolidge,
président américain de 1923 à 1929,
aimait particulièrement les chats.
Il en avait au moins 4
à la Maison-Blanche.
La nuit où son chat Tiger s'est enfui,
Coolidge a envoyé son agent
des services secrets à la radio
WCAP afin de diffuser un appel
à l'aide aux auditeurs :
et cela a fonctionné,
il a été retrouvé grâce à eux !

MONSIEUR LE PRÉSIDENT,
NOUS AVONS RÉCUPÉRÉ
L'INDIVIDU !

En 1975, le physicien et mathématicien
Jack H. Hetherington souhaita publier
ses derniers résultats en matière
de physique dans un journal scientifique.
Un de ses collègues qui relut l'article lui fit
remarquer qu'il avait utilisé le « nous »
de modestie dans son papier, et que
le journal refusait l'emploi du « nous »
lorsque l'article n'était signé que d'un
auteur. Jack, plutôt que de changer
tout l'article, décida de co-signer
son papier avec... son chat ! C'est ainsi que
F. D. Chester Willard devint le nom
de plume du chat siamois nommé Chester !

CHAT ALORS!

Les chats sont
des exterminateurs d'espèces !
On estime que, rien qu'en Australie,
où ils sont présents sur 90 % du
territoire, ces redoutables chasseurs sont
responsables de l'extinction d'environ
20 espèces endémiques d'Australie
et mettent en danger beaucoup d'autres
espèces menacées. Par exemple,
les petits marsupiaux pesant moins
de 3 kg sont souvent chassés
par les chats qui les exterminent
jusqu'au dernier !

Dans les îles françaises Kerguelen situées dans le sud de l'océan Indien, 5 chats ont été introduits par des scientifiques en 1950 (afin d'endiguer la prolifération de rats qui avaient eux-mêmes été introduits involontairement par des baleiniers au XIXe siècle). Aujourd'hui, l'île possède des milliers de chats descendant de ces 5 ancêtres ! Comme ils ont longtemps chassé les oiseaux de l'île, ces derniers ont dû partir sur les îles voisines !

LE FAMEUX LASER QUI REND FOU LES CHATS DOMESTIQUES EST UN JOUET QUI EST APPARU SURTOUT POUR ÉVITER QUE LES CHATS MANGENT LA FICELLE QUI SERVAIT AVANT À LEUR AGITER UN OBJET SOUS LE NEZ. LES FICELLES AVALÉES PEUVENT EN EFFET PROVOQUER DE SÉRIEUX DÉGÂTS.

*En 1942, alors que la ville
de Stalingrad en Russie
était l'objet d'attaques violentes
de la part des Allemands,
c'est un chat que les soldats
russes utilisèrent pour
transmettre les informations
sur les positions allemandes.
Évitant ainsi de faire tuer
des hommes qui auraient
dû traverser la ville,
le chat nommé Mourka
apporta avec héroïsme
de nombreux messages utiles
au quartier général.*

La définition courante d'un liquide est un matériau qui s'adapte à la forme du récipient dans lequel il est placé. Et le chat semble parfois correspondre à cette définition à force de se mouler dans toutes sortes d'objets allant du lavabo à la casserole. C'est pour cela que les prix humoristico-scientifiques des Ig-Nobel ont récompensé le chercheur de physique en 2017 qui a démontré que le chat, s'intégrant parfaitement dans un évier, se comporte comme un liquide !

Lorsque le chat n'a pas faim, il ne croque pas tout de suite sa proie, il préfère jouer avec elle en la mordillant et en la relâchant pour pouvoir de nouveau lui bondir dessus... Certains chercheurs décrivent ce comportement comme un « impératif instinctif » qui pousse le chat à s'assurer que sa proie est assez faible pour être tuée sans se mettre en danger.

Alexander Selkirk, le vrai Robinson Crusoé, qui survécut 4 ans et 4 mois sur une île déserte, profita de l'aide des chats sauvages de l'île qui le protégeaient contre les rats voraces qui l'attaquaient la nuit !

Rinda était le chat de navire sur le cargo norvégien *S.S. Rinda*. Durant la Seconde Guerre mondiale, le navire fut torpillé et coulé !

L'équipage put sauter à bord de l'embarcation de sauvetage ! Mais lorsqu'ils se rendirent compte que le chat n'était pas avec eux, ils firent demi-tour et ramèrent dans la nuit autour du lieu du naufrage jusqu'à ce qu'ils entendent un « miaouuuu » désespéré ! « Nous avons ri et pleuré en voyant notre chat et l'avons ramené à bord avec nous ! » racontèrent les hommes qui sauvèrent leur matou et le renommèrent du nom du navire coulé, Rinda !

GRÂCE À SA PUPILLE
QUI SE RÉTRACTE JUSQU'À
DEVENIR TRÈS PETITE,
LE CHAT EST CAPABLE
DE SUPPORTER UNE
INTENSITÉ LUMINEUSE
5 FOIS SUPÉRIEURE
À CELLE TOLÉRÉE
PAR L'HUMAIN.

**UN CHAT A EN MOYENNE
24 GROS POILS
DE MOUSTACHES !
12 DE CHAQUE CÔTÉ !**

Il ne faut surtout pas couper les poils
de moustaches d'un chat : ses « vibrisses »
(longs poils présents sur les moustaches
et sur les pattes, sous le menton
et les sourcils) lui indiquent la proximité
d'obstacles, même dans l'obscurité totale,
en lui permettant de détecter avec précision
les variations de pression de l'air.
Sans elles, il serait alors complètement
désorienté et apeuré, de la même manière
que si nous nous retrouvions
sans notre sens du toucher
au bout des doigts et dans le noir !

Ses moustaches, comme un appareil
de mesure, lui servent aussi de « gabarit »,
ce qui lui permet de déterminer
la largeur d'un passage et de savoir
si tout son corps passe ou pas.
D'ailleurs, comme elles poussent avec
une longueur génétiquement programmée,
si le chat prend du poids et s'élargit,
ses moustaches, elles, ne s'allongeront pas
et lui indiqueront qu'un passage
est « franchissable » alors qu'en réalité non !
Notre compagnon en embonpoint peut
alors rester coincé !

LES POILS DE MOUSTACHES DU CHAT SONT AUSSI PROFONDÉMENT ENFONCÉS DANS LE CORPS DU CHAT QUE LES POILS DE SON MANTEAU. LES MOUSTACHES SONT CONNECTÉES AU SYSTÈME MUSCULAIRE ET NERVEUX, QUI ENVOIE DES INFORMATIONS AU CERVEAU. LES MOUSTACHES DES CHATS SONT SI SENSIBLES QU'ELLES PEUVENT CARRÉMENT DÉTECTER LA TEXTURE D'UN OBJET DANS L'OBSCURITÉ !

Les moustaches (vibrisses) du chat
lui donnent des informations
sur l'emplacement des objets
autour de lui dans l'obscurité,
mais saviez-vous qu'elles déclenchent
aussi un réflexe de clignement
des yeux automatique ?
Elles protègent ainsi ses yeux
de tout dommage !

Nous avons compris qu'il ne
faut pas couper les moustaches
d'un chat, mais malgré tout
et contrairement à ce que l'on
croit souvent, si elles le sont
accidentellement,
elles repoussent bel et bien !
D'ailleurs, une chatte coupera
parfois les moustaches
de ses chatons pour éviter
qu'ils ne partent trop loin
du nid familial !

UNE ÉTUDE D'UN AN MENÉE
À WICHITA, DANS LE KANSAS,
A MONTRÉ DANS LES ANNÉES 2000
QUE LES CHATS DE CETTE VILLE
DE 300 000 HABITANTS TUAIENT
EN MOYENNE 4,2 OISEAUX PAR AN
CHACUN, MALGRÉ LEUR
ENVIRONNEMENT URBAIN.
UNE EXTRAPOLATION
AUX 64 MILLIONS DE CHATS
QUE COMPTAIENT ALORS
LES ÉTATS-UNIS CONDUIRAIT
AU CHIFFRE DE 250 MILLIONS
D'OISEAUX TUÉS CHAQUE ANNÉE
DANS LE PAYS.

En principe, l'image du chat est positive dans l'Islam en raison de l'affection qu'éprouvait Mahomet, sauvé de la morsure d'un serpent par un chat. À l'inverse, ce félin fut satanisé dans l'Europe chrétienne durant la majeure partie du Moyen Âge, manifestement en raison de son adoration passée par les païens et surtout de la réflexion de la lumière dans ses yeux qui passait pour être les « flammes de l'enfer ».

ON ASSOCIE AU CHAT
LE CHIFFRE 9 :
LES SORCIÈRES POUVAIENT
SE CHANGER EN CHAT 9 FOIS ;
LE CHAT AURAIT 9 VIES
(7 DANS CERTAINS PAYS) ;
IL POURRAIT AVOIR
9 PROPRIÉTAIRES DIFFÉRENTS
(LE DERNIER ÉTANT EMPORTÉ
EN ENFER) ; ENFIN, UN FOUET
DE MARINE ÉTAIT APPELÉ
« LE CHAT À 9 QUEUES ».

Beaucoup de chats portent le nom de « Chaussette » (« Socks » est aussi l'un des noms les plus répandus chez les chats aux États-Unis) et cette particularité si mignonne vient en réalité d'une anomalie génétique nommée « piébaldisme » : au stade embryonnaire, les mélanocytes (les cellules responsables des poils et de leur coloration) se regroupent sur le dos et, petit à petit à mesure que le chat se développe, se dispersent sur tout le corps. Si elles se dispersent uniformément, le chat aura une couleur uniforme, mais très souvent elles le font de façon irrégulière, ce qui explique les taches et les fameuses « chaussettes » !

Oscar est un chat né en 2005, qui vivait dans une unité hospitalière de Rhode Island, aux États-Unis. Selon les infirmiers et médecins de l'hôpital, il allait près des patients sur le point de mourir et se blottissait à leurs côtés pendant leurs derniers instants. Cela a fait l'objet d'un témoignage informel dans le *New England Journal of Medicine*. Cependant, il faut garder à l'esprit que ce témoignage fut cité par les médias comme s'il s'agissait d'un article de recherche, alors qu'il ne s'agissait que d'une observation.

Les chats sont capables de marcher avec une exquise précision car, comme tous les félins, ils placent chaque patte arrière (ou presque) directement dans l'empreinte de la patte antérieure correspondante, minimisant ainsi le bruit et les traces visibles.

De nombreux chats réagissent favorablement aux bisous de leur maître car ils associent cela inconsciemment à de « l'allotoilettage » qu'ils pratiquent entre eux : c'est-à-dire se faire la toilette mutuellement ! Ils peuvent donc prendre vos bisous pour un toilettage réciproque, ce qui sert à renforcer vos liens !

Ben Rea était un antiquaire britannique qui aimait tant son chat Blackie, qu'à sa mort il lui légua toute sa fortune ! Blackie hérita de 13 millions de dollars !
Cet argent fut réparti entre 3 œuvres caritatives pour chats, et l'une d'elles s'occupe de Blackie, qui détient le record du monde du chat le plus riche.

Jusqu'en 2017, la recherche avançait que le cortex cérébral d'un chat contenait environ 2 fois plus de neurones que celui d'un chien. Les chats auraient 300 millions de neurones, contre 160 millions pour les chiens. Cependant, les récentes études ont fait basculer les chiffres : 250 millions de neurones pour les chats et 530 millions pour les chiens ! La guerre de l'intelligence peut reprendre... (L'humain compte, lui, près de 86 milliards de neurones.)

PAR TEMPS FROID, LES POILS DU CHAT SE DRESSENT SUR LUI POUR EMPRISONNER UNE COUCHE D'AIR SERVANT D'ISOLANT. DES RÉCEPTEURS AU BOUT DE LEUR FOURRURE DÉTECTENT LE FROID.

Le chat sphynx est connu de tous pour sa nudité. Bien que n'ayant pas de poils, il a une température corporelle plus élevée que les chats à poil ! Du coup, il a besoin de manger davantage que les autres car il brûle très vite ses calories.

Les chats sifflent afin de paraître intimidants
et pour essayer de faire fuir leurs attaquants
exactement comme les serpents !
En modifiant la forme de leur langue
et de leur pharynx, les chats sont capables
de libérer un jet d'air brusque
tout en crachant un peu de salive.
En plus de siffler, ils peuvent émettre
un grognement guttural.

L'URINE DE CHAT SENT TRÈS MAUVAIS CAR CE FÉLIN, ORIGINAIRE DU DÉSERT, EST FAIT POUR ABSORBER UNE GRANDE QUANTITÉ D'EAU AFIN DE MAINTENIR SON HYDRATATION. C'EST POURQUOI SON PIPI EST TRÈS CONCENTRÉ ET SENT FORT !

Gronder son chat est gratifiant
pour lui ! Mikel Delgado,
de l'École vétérinaire de Californie
explique que, à chaque fois
que l'on gronde son chat
en lui disant « non ! »
ou « ne fais pas ça ! »,
nous lui accordons en réalité
notre attention, ce qu'il apprécie,
et il recommencera...

Pourquoi le chat fait-il tomber les objets des tables ?

Pour 3 raisons :
1. Vérifier que le bibelot devant lui n'est pas un être vivant… On ne sait jamais, il pourrait ainsi, une fois tombé par terre, le manger ou jouer avec.
2. Attirer votre attention. Quand il a compris que vous avez une réaction, il le refera afin que vous vous occupiez de lui.
3. Parce que ça l'amuse, tout simplement…

Le son unique des pouvoirs
de la Force du personnage Kylo Ren,
dans *Star Wars : Le Réveil de la Force*,
a été créé en modifiant l'effet sonore
d'un ronronnement de chat !

Tama est une chatte devenue « chef de gare » en 2007 dans la ville de Kinokawa au Japon. La gare faillit être fermée en 2004 et les postes durent être réduits. Afin d'attirer tout de même des passagers, c'est Tama qui fut nommée officiellement chef de gare avec pour rôle « d'accueillir » les passagers. Elle était « payée » en nourriture (Tama était à la base un chat errant recueilli). Depuis, le nombre de passagers a augmenté de 17 % !

En 2015, Tama mourut – elle avait 16 ans – et fut remplacée par un autre chat errant, nommé Nitama qui veut dire littéralement « Tama second ».
La cérémonie funéraire de Tama a rassemblé pas moins de 3 000 personnes !

LORSQUE PLUSIEURS CHATS VIVENT SOUS LE MÊME TOIT, CHACUN POSSÈDE SON TERRITOIRE DISTINCT. EN REVANCHE, CERTAINES ZONES RESTENT NEUTRES, ET LES CHATS PEUVENT ALORS S'Y REGARDER ET S'Y SALUER SANS PROVOQUER DE CONFLITS.

Les chats sont capables de supporter
des températures assez élevées :
les humains commencent généralement
à se sentir mal à l'aise lorsque
la température de leur peau passe à environ
38 °C (100 °F), mais les chats
ne présentent aucun malaise jusqu'à ce que
leur peau atteigne environ 52 °C !

Bien qu'un chat ait besoin
de s'exposer à la lumière naturelle,
comme l'humain, il peut être sujet
au cancer de la peau s'il s'expose
trop longtemps au soleil et
a ses rayons ultraviolets !
Surtout les chats à poils clairs.

Les reins du chat
sont si efficaces,
qu'ils pourraient survivre
à un régime alimentaire
composé uniquement
de viande, sans eau
supplémentaire !

Les chats en céramique ou en porcelaine que l'on trouve souvent à l'entrée des magasins asiatiques s'appellent des manekineko, ce qui signifie littéralement « le chat qui invite ». Son origine est très floue et plusieurs légendes sont associées à ce chat qui lève la patte. L'une d'elles raconte qu'un groupe de samouraïs aurait vu un jour un chat se prélasser devant un temple. Lorsque le chat leva une patte comme pour les saluer, les samouraïs s'approchèrent de lui pour l'observer, et cela leur fit éviter la foudre ! Ils firent alors des dons au temple, ce qui aurait amorcé les débuts du chat « porte-bonheur » à l'entrée des foyers.

もしもし

Les Manx sont des chats originaires de l'île de Man qui se reproduisent entre eux et qui ont la particularité de ne pas avoir de queue ! Là-bas on raconte pour s'amuser que ce sont les derniers à être montés dans l'Arche de Noé, et que la porte s'est refermée sur leur queue !

Malgré de nombreuses tentatives, le chat n'a jamais réussi à être dressé pour la guerre, comme le chien, le cheval, ou encore le pigeon, car, d'après les entraîneurs, il « est trop têtu et ne suit pas d'ordres ». Durant la Seconde Guerre mondiale, les idées farfelues ne manquaient pas pour tenter de battre l'ennemi, mais en voici une qui ne manque vraiment pas de folie :

les Américains ont testé le fait de larguer des bombes sur les navires ennemis en les attachant à des chats ! Pourquoi ? Leur logique voulait que « le chat n'aimant pas l'eau ferait tout pour atterrir sur le bateau et guiderait ainsi la bombe au bon endroit »… Incroyable, mais vrai. Le test a été fait, mais les chats tombaient dans les vapes dans les airs… D'ailleurs, personne parmi ceux qui avaient eu cette idée n'a vraiment expliqué comment ils étaient censés « guider » la bombe…

Les premiers exemples de chats
utilisés pour la guerre remontent
à l'Égypte ancienne. Au cours
d'une guerre contre la Perse,
ces habitants, étant conscients
du grand respect que les Égyptiens
accordaient à leurs félins, auraient
rassemblé le plus grand nombre
possible de chats et les auraient
lâchés sur le champ de bataille !
Lorsque les Égyptiens durent choisir
entre faire du mal aux chats
et se rendre, ils optèrent
pour la deuxième solution...

EN FRANCE,
LE CHAT EST L'ANIMAL
DOMESTIQUE LE PLUS POPULAIRE
JUSTE APRÈS LE POISSON,
AVEC 12,7 MILLIONS DE CHATS
DOMESTIQUES, JUSTE DEVANT
LE CHIEN AVEC 7,3 MILLIONS.

DANS LES RUES DE JÉRUSALEM, LA CONCENTRATION DE CHATS EST PARMI LES PLUS ÉLEVÉES DU MONDE ! D'APRÈS LES EXPERTS, JÉRUSALEM EN COMPTE PRÈS DE 2 000 AU KILOMÈTRE CARRÉ, SOIT 240 000 CHATS POUR UNE VILLE DE PLUS DE 900 000 HABITANTS !

Depuis le XVIIIe siècle, le musée de l'Ermitage à Saint-Pétersbourg ne possède pas moins de 70 chats pour l'aider à lutter contre les rongeurs afin de préserver les œuvres d'art !
Trois gardiennes s'occupent spécialement des chats afin qu'ils puissent effectuer leur noble tâche.
Pendant le blocus de Leningrad de 1941 à 1944, tous les chats moururent et le palais d'Hiver devint grouillant de rats !
Les œuvres d'art furent alors évacuées. Après la guerre, 5 000 chats furent amenés à Leningrad, et les rats disparurent.

Les chats, comme les chiens, sont des digitigrades. Ils marchent directement sur leurs orteils ! Contrairement à l'humain qui doit déplacer tout son pied (décoller le talon, puis les orteils, et ensuite poser le talon, puis les orteils), le chat gagne beaucoup de temps en n'ayant qu'un seul mouvement à faire (décoller les orteils puis les poser), ce qui le rend donc très rapide !

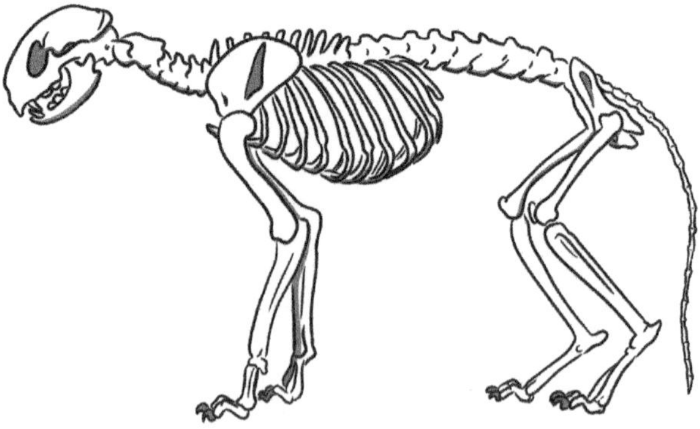

Le coussinet nasal
d'un chat
est totalement unique,
exactement comme
les empreintes digitales
des doigts humains.

Koko est une femelle gorille,
morte en 2018 et qui était célèbre
pour sa capacité à communiquer
en langue des signes…
Koko s'était liée d'amitié avec
un petit chat prénommé All Ball.
Lorsque celui-ci décéda,
chaque fois qu'elle voyait une photo
de chat lui ressemblant,
elle faisait les signes « triste »
et « pleure » en montrant la photo.
Elle était encore affligée de sa perte
15 ans plus tard.

ROLAND-GARROS 1977. ILIE NĂSTASE DEVAIT AFFRONTER ADRIANO PANATTA, QUI ÉTAIT FAVORI. SACHANT QUE PANATTA ÉTAIT TRÈS SUPERSTITIEUX, NĂSTASE ENFERMA UN CHAT NOIR DANS SON SAC DE SPORT QU'IL AMENA SUR LE TERRAIN. AU MILIEU DE LA PARTIE, IL DEMANDA UNE PAUSE ET OUVRIT SON SAC POUR LAISSER S'ÉCHAPPER LE CHAT NOIR QUI TRAVERSA LE TERRAIN SOUS LES YEUX EFFRAYÉS DE PANATTA. CE DERNIER FUT DÉCONCENTRÉ PAR CETTE VISION ET RATA SON MATCH !

DURANT LA CAMPAGNE D'ÉGYPTE, POUR ARRÊTER L'INVASION DES RATS DANS LES CAMPEMENTS DE L'ARMÉE NAPOLÉONIENNE, DES CHATS FIRENT PARTIE DU VOYAGE, ET ILS CONTRIBUÈRENT LARGEMENT À SAUVER DES VIES EN CHASSANT LES RONGEURS PORTEURS D'INFECTION !

L'idée selon laquelle il faut multiplier par 7 l'âge du chat pour avoir son équivalent en âge humain est une légende urbaine. Le chat acquiert 19 ans « humains » au terme de sa première année de vie, puis il augmente de 4 ans en 4 ans, puis de 6 ans en 6 ans… Ce qui donne à peu près ceci :

Âge du chat	**Âge humain**
1 an	19 ans
2 ans	24 ans
3 ans	28 ans
4 ans	32 ans
5 ans	36 ans
6 ans	40 ans
7 ans	44 ans
8 ans	48 ans
9 ans	52 ans
10 ans	56 ans
11 ans	60 ans
12 ans	64 ans
13 ans	68 ans
14 ans	72 ans
15 ans	76 ans
16 ans	80 ans
17 ans	84 ans
18 ans	91 ans
19 ans	94 ans
20 ans	100 ans
21 ans	106 ans

Aux États-Unis, le surpoids ne touche pas que les humains. Les chats souffrent aussi d'obésité, et pour les mêmes raisons que les hommes : trop de nourriture donnée en trop grande quantité par les maîtres et pas assez d'activité physique toujours à cause des propriétaires qui ne les sortent pas et ne jouent pas assez avec eux !

Le parc Disneyland de Floride sait tirer parti des nombreux chats errants qui occupent les lieux : ils les nourrissent en échange de leurs services pour débarrasser le parc des nombreux rongeurs !

CHALLUCINE !

La cataire est une plante aromatique qui contient une huile répulsive contre les insectes et elle est réputée comme antispasmodique et antihystérique. Mais ce n'est pas tout, cette espèce est aussi connue sous le nom d'« herbe-aux-chats ». Pourquoi ? Elle produit des effets exceptionnels sur eux : elle contient un produit chimique connu sous le nom de népétalactone, qui déclenche des phéromones sexuelles dans le cerveau du chat et lui provoque des hallucinations ! Il peut alors se mettre à se rouler par terre ou à chasser des proies imaginaires !

LE FIV, OU « SIDA DU CHAT », EST L'ÉQUIVALENT DU VIH CHEZ L'HUMAIN. CETTE MALADIE A ÉTÉ DÉCOUVERTE EN 1986 ET EST RESPONSABLE D'UNE IMMUNODÉFICIENCE QUI REND LE CHAT VULNÉRABLE AUX INFECTIONS.
IL N'Y A AUCUN RISQUE DE TRANSMISSION DU CHAT À L'HUMAIN, ET COMME ELLE SE TRANSMET PAR MORSURE LORS DE BAGARRES (VIRUS PRÉSENT DANS LA SALIVE), LES CHATS DOMESTIQUES ONT MOINS DE RISQUES D'ÊTRE AFFECTÉS.

Le chat est sensible
à l'amer, à l'acide
et au salé, mais pas
au sucré ! C'est pourquoi
ils ne sont pas du tout
attirés par le sucre.
Si vous avez l'impression
que c'est le cas,
comme avec une glace,
il sera en réalité attiré
par le lait qu'elle contient !

LES CHATS ONT-ILS VRAIMENT PEUR DE L'EAU ? IL Y A PLUS DE 4 000 CHATS ERRANTS À VENISE, QUI SONT EN EFFET DIFFICILES À VOIR LA JOURNÉE !

Pourquoi le chat a-t-il peur de l'eau ? En réalité ce n'est pas le cas de tous les chats, et tous savent d'ailleurs très bien nager. Mais ce qui explique cette réticence à se mouiller, c'est que les chats viennent des régions les plus sèches de la Terre, le Moyen-Orient et l'Afrique du Nord. L'eau est donc assez inconnue. De plus, l'eau des maisons a souvent un goût très désagréable pour eux. Par contre, ils ne rechigneront pas à tremper la langue dans une flaque d'eau dehors.

Un chat qui adore l'eau ?
Oui, cela existe.
Le chat turc de Van a une fascination pour l'eau qui est innée ! Il adore nager et jouer avec l'eau, et il est le plus heureux du monde lorsqu'on lui met un bassin dans son jardin.

LES CHATS VAN
(CHATS NAGEURS) VIVENT
DEPUIS DES SIÈCLES DANS LES
ENVIRONS DE LA VILLE DE VAN,
EN TURQUIE, ET SONT CONNUS,
NON SEULEMENT POUR AIMER
NAGER DANS LE LAC DE VAN,
MAIS AUSSI POUR AVOIR
DES YEUX DE COULEURS
DIFFÉRENTES :
GÉNÉRALEMENT UN ŒIL VERT
AMBRE ET UN AUTRE BLEU !

La couleur du chat siamois
est fortement influencée,
non pas par celle de ses parents,
mais par la température
du milieu où il vit !
En effet, une protéine
présente chez lui, responsable
de la production de mélanine,
s'active ou pas en fonction
de la température. Au-delà
de 37 °C, seules les parties
les moins chaudes,
comme son nez, ses oreilles,
ses pattes ou sa queue,
seront colorées.

FAUT-IL DONNER DU LAIT
À SON CHAT ?
D'APRÈS DES SPÉCIALISTES
EN NUTRITION VÉTÉRINAIRE,
LA RÉPONSE EST SIMPLE :
S'IL AIME ET QUE TOUT
SE PASSE BIEN, OUI,
SINON NON. IL EXISTE DEUX CAS
OÙ LE LAIT EST À PROSCRIRE
CHEZ LE CHAT : PREMIÈREMENT,
IL PEUT ÊTRE ALLERGIQUE
OU INTOLÉRANT AUX PROTÉINES
DU LAIT, CE QUI SE REMARQUE
PAR DES ROUGEURS,
DES DÉMANGEAISONS,
DES TROUBLES DIGESTIFS
OU DES DIARRHÉES…
ET DEUXIÈMEMENT, LE CHAT PEUT
ÊTRE INTOLÉRANT AU SUCRE
DU LAIT (LE LACTOSE), CE QUI
SIGNIFIE QU'IL A PERDU
SA CAPACITÉ À DIGÉRER
LE LACTOSE, UN PHÉNOMÈNE QUI
EXISTE CHEZ TOUS LES PETITS
MAMMIFÈRES ET SE REMARQUE
PAR UNE SOIF CONSTANTE
ET UNE DIARRHÉE LIQUIDE.

EN ANGLETERRE AU XVIIIE SIÈCLE, SI VOUS VOULIEZ VISITER GRATUITEMENT LA MÉNAGERIE DE LA TOUR DE LONDRES, IL FALLAIT APPORTER UN TRIBUT UN PEU PARTICULIER : UN CHAT ! IL ÉTAIT ALORS DONNÉ EN NOURRITURE AUX LIONS, ET VOUS AVIEZ LA VISITE GRATUITE…

La plupart des chats donnent naissance à une portée de 1 à 9 chatons. La plus grande portée connue est de 19 chatons, dont 15 qui ont survécu !

Biologiquement, le cerveau d'un chat ressemble plus à celui d'un humain qu'à celui d'un chien. Les régions responsables des émotions chez l'humain et le chat sont identiques. C'est à cause de ces nombreuses similarités que le cerveau des chats est très étudié afin de créer des intelligences artificielles.

Certains chats siamois semblent loucher, mais en réalité ils font ça pour mieux voir ! Les nerfs optiques du siamois ont tendance à « se mélanger » à cause d'une anomalie courante : un certain nombre de fibres de l'œil droit, censées aller au cerveau droit, changent de côté et arrivent au cerveau gauche. Le cerveau gauche reçoit des informations destinées au cerveau droit dont il ne sait pas quoi faire. Et la même chose se passe avec l'œil gauche. Du coup, le siamois doit « bidouiller » en modifiant la position de ses yeux pour rétablir l'image !

Un chat
peut généralement sauter
6 fois sa longueur
en 1 seul bond,
et 5 fois sa taille
en hauteur !

LE CHAT À TÊTE PLATE,
QUI VIT DANS LES MARÉCAGES
ASIATIQUES, EST LUI AUSSI
UN EXCELLENT CHASSEUR DANS
L'EAU ET POSSÈDE MÊME
DES PATTES À MOITIÉ PALMÉES !

Le 22 décembre 2001, l'entreprise américaine de biotechnologies Genetic Savings & Clone a annoncé la naissance, dans ses laboratoires, du premier chat jamais obtenu par clonage ! Nommé Carbon Copy, il avait pour but de lancer une affaire très lucrative : permettre aux propriétaires de chats malheureusement décédés d'avoir la copie conforme de leur animal ! C'est ainsi que Julie, une Texane, a obtenu une « copie conforme » de sa chatte Nicky morte à 17 ans pour la somme de… 50 000 dollars ! « Je ne vois absolument aucune différence entre Little Nicky et Nicky, s'est extasiée Julie. Lorsque Little Nicky bâille, je vois deux petits points sur sa langue, comme pour Nicky. Elle aime l'eau comme elle et saute dans la bassine exactement comme Nicky le faisait. » Little Nicky est devenue le chat le plus cher de l'Histoire.

L'« organe de Jacobson »
est un véritable sixième sens
chez le chat ! Il est capable
de goûter les odeurs !
Le chat retrousse ses babines
pour permettre aux odeurs
de remonter par 2 petits
conduits situés derrière
les incisives jusqu'à 2 sacs
remplis de fluides dans
les cavités nasales chargées
de concentrer les odeurs.
C'est pourquoi on voit parfois
les chats ouvrir leur gueule
pour analyser une odeur.

Avez-vous remarqué que votre chat va toujours vers votre invité qui justement n'aime pas les chats ?
La raison à cela est qu'un invité qui, lui, aime les chats aura tendance à le regarder, voire à le fixer, et à s'approcher de lui frontalement. Mais pour le chat, les regards directs peuvent être interprétés comme une menace. Alors qu'un invité qui fera tout pour ne pas s'en approcher, qui restera calmement dans un coin et surtout qui ne le regardera pas, renverra un message « amical » au chat, qui du coup aura envie de s'approcher !

LA MÂCHOIRE D'UN CHAT NE PEUT PAS BOUGER SUR LES CÔTÉS, C'EST POURQUOI IL NE PEUT PAS MANGER DE GROS MORCEAUX DE NOURRITURE.

AU Xᴱ SIÈCLE AU JAPON, LES CHATS ÉTAIENT TELLEMENT VÉNÉRÉS QUE SEULS LES MEMBRES DE LA NOBLESSE POUVAIENT EN ÊTRE PROPRIÉTAIRES. LES FÉLINS ÉTAIENT GARDÉS DANS DES PAGODES (DES LIEUX DE CULTE) SOUVENT UTILISÉES POUR GARDER DES MANUSCRITS INESTIMABLES.

La boule de poils d'un chat
est techniquement
connue sous le nom
de « trichobézoard ».
« Tricho » signifie cheveux
et un « bézoard »
est une « motte formée
d'un matériau incapable
d'être digéré dans le tractus
digestif ».

Les chats peuvent tout à fait
s'hydrater avec l'eau de mer,
ce qui est mortel
pour l'être humain.
Les reins d'un chat
sont suffisamment efficaces
pour filtrer le sel
et utiliser cette eau
pour s'hydrater.

Emmy était un chat de navire, orange tigré, qui vivait à bord du *RMS Empress of Ireland*. Emmy ne manquait jamais un voyage, sauf ce jour du 28 mai 1914 où elle quitta le bateau ! L'équipage la rattrapa et la ramena à bord, mais elle le quitta à nouveau, laissant même ses chatons derrière elle… Le lendemain, le navire qui était parti sans Emmy coula, faisant plus de 1 000 morts.

Tashiro-jima est une petite île du Japon dont la population est constituée à 85 % de personnes âgées de plus de 65 ans, et qui possède plus de chats que d'humains : 150 chats pour 70 personnes. Les chats y sont protégés car ils sont considérés comme un signe de bonne fortune. Tashiro-jima est appelée tout naturellement « l'île aux chats » et attire beaucoup de touristes qui viennent spécialement pour les voir.

Dusty, chatte texane née en 1935, a mis au monde durant toute sa vie le nombre incroyable de 420 chatons ! Ce qui en fait la chatte la plus prolifique connue au monde !

UN CHAT PRÉFÉRERA AVOIR FAIM QUE DE MANGER UN ALIMENT QU'IL N'AIME PAS !

Le chaton naît sourd et aveugle. Ses yeux restent fermés pendant environ 1 semaine. En revanche, à partir de 4 semaines à peine, il entend 3 fois mieux que l'Homme !

iPod

AU XVIE SIÈCLE FUT INVENTÉ LE TERRIBLE « ORGUE À CHATS ». ON POSITIONNAIT DES CHATS CÔTE À CÔTE DANS DES BOÎTES EN FONCTION DE LA VARIATION DE LEURS MIAULEMENTS. ENSUITE, LORSQU'UNE TOUCHE DE L'ORGUE ÉTAIT PRESSÉE, UNE AIGUILLE APPUYAIT SUR LA QUEUE DU CHAT CORRESPONDANT POUR LE FAIRE MIAULER !

Dans la Rome antique,
le chat n'était pas très apprécié
car il était un chasseur
d'oiseaux redoutable,
et les Romains possédaient
beaucoup d'oiseaux de
compagnie. De plus,
la grande fécondité du chat,
qui était appréciée en Égypte,
était associée à de la luxure
à Rome.

Louis XV laissait volontiers
Brillant, son chat angora blanc,
monter sur la table du Conseil,
même pendant les réunions
avec ses ministres.
Et c'est lui qui réveillait le roi
tous les matins !
Interdisant à quiconque
de le caresser, il piqua une colère
noire lorsqu'il surprit un jour
ses domestiques s'amusant
à faire danser Brillant !

Le mythe des 7 vies
vient tout simplement de son agilité
et de sa rapidité.
Dans de nombreuses situations
où d'autres animaux
ne pourraient pas survivre,
le chat sait, lui, bien s'en sortir
grâce à ses réactions rapides
et son incroyable agilité.

Alors que les chats sont un vrai phénomène sur Internet, notamment sur les plateformes de vidéos, la toute première vidéo où l'on voit des chats a été réalisée en 1894 et elle montre 2 vrais chats, équipés de gants de boxe au milieu d'un ring. Elle a été filmée au Black Maria Studio de Thomas Edison et s'appelle *The Boxing Cats*. Sur YouTube, la première vidéo de chat fut mise en ligne le 22 mai 2005 par Steve Chen, cofondateur de YouTube, et elle montre son chat jouant avec une ficelle (la vidéo s'appelle « *Pajamas and Nick Drake* »)… Le 9 mai 2006, la première vidéo virale fut postée ! À ce jour, elle a été vue plus de 16 millions de fois et elle s'appelle « *Puppy vs. Cat* ».

La vidéo d'un petit chaton se faisant gratter le ventre et ouvrant les pattes au moindre arrêt a été vue à ce jour plus de 79 millions de fois !
Elle s'appelle « *Surprised Kitty (Original)* ».

CHEZ LES VIKINGS, OFFRIR UN CHAT À UN COUPLE NOUVELLEMENT MARIÉ ÉTAIT CONSIDÉRÉ COMME UN PORTE-BONHEUR.

AU XVE SIÈCLE,
LES ASSUREURS VÉNITIENS
NE S'ENGAGEAIENT AVEC
LES NAVIGATEURS QUE
S'IL Y AVAIT LA PRÉSENCE
DE CHATS SUR LES NAVIRES
MARCHANDS. EN CHASSANT
LES RATS, ILS PRÉSERVAIENT
LA MARCHANDISE
ET GARANTISSAIENT L'HYGIÈNE.
C'EST GRÂCE À CETTE PRATIQUE
DE METTRE DES CHATS
SUR LES NAVIRES,
ENTRE AUTRES, QUE LE CHAT
A PU SE PROPAGER
DANS LE MONDE.

Lorsque le chat nous montre
son derrière, voire même vient
le frotter contre notre visage,
c'est pour nous montrer
qu'il nous aime !

Le clignement lent des yeux est un geste d'acceptation chez le chat (un clignement des yeux lent est considéré comme un baiser de chat). Il le fait quand il est à l'aise avec nous ou avec les autres chats. D'ailleurs, quand le chat nous regarde, c'est qu'il nous sollicite.
Cependant, attention, les regards soutenus chez les chats sont aussi une marque de conflit. Donc si on le fixe longtemps, on risque de susciter chez lui de la crainte ou de la méfiance.
Si on veut le regarder, il vaudra mieux cligner des yeux régulièrement, ou détourner le regard de temps à autre.

La queue du chat permet
de déterminer son humeur.
Il déambule la queue dressée :
il est en confiance.
Complètement dressée
à la verticale ? Il est heureux !
La queue est en forme de point
d'interrogation ? Il a envie
de jouer et de passer un petit
moment amical avec vous !
En position basse, cela peut
indiquer une agression imminente !
La queue basse en effet indique
une mauvaise humeur (pas chez
les persans qui, eux, ont la queue
basse sans aucune raison).
Elle est enroulée sous son corps ?
Quelque chose le rend nerveux,
il a peur ou montre
de la soumission.
Gonflée, hérissée ? Une peur
extrême est présente et il tente
de se montrer plus gros
que le danger qui l'agite !
Une queue qui s'agite par coups
secs désigne de la peur

et de l'agressivité. Mieux vaut
ne pas trop s'approcher !
Il fait osciller sa queue
lentement de droite à gauche ?
Il est concentré sur quelque chose !
Enroulée autour d'un autre chat :
tout comme un humain entoure
son ami de son bras, ce geste
de la queue montre son affection
pour son compagnon félin.

OBSERVER LES MOUSTACHES D'UN CHAT PEUT AUSSI NOUS AIDER À COMPRENDRE SES ÉMOTIONS. INQUIET OU EFFRAYÉ, IL LES DIRIGERA VERS L'ARRIÈRE, TANDIS QUE CURIEUX OU AGRESSIF, IL LES DIRIGERA DROIT DEVANT LUI !

Le « test du miroir » (pour évaluer
la conscience de soi chez l'animal) consiste
à placer sur un animal une marque colorée,
puis voir s'il reconnaît qu'elle
est sur son propre corps.
Certains animaux l'ont passé avec succès
comme les grands dauphins ou les éléphants
d'Asie, mais le chat, tout comme le bébé
humain, n'y arrive pas ! Le chat vient
parfois coller son nez sur le miroir, troublé
par ce qu'il voit, mais ne comprend pas
qu'il s'agit de lui.

Le degré d'investissement parental
chez le chat a été étudié, et les recherches
révèlent qu'une chatte rappliquera
très vite pour aider des chatons qui crient
leur détresse, même s'ils ne sont pas à elle
et même si elle n'en a jamais eu !
En revanche, un chat n'interviendra pas
et s'en moquera complètement.
Un chat, contrairement à la femelle,
n'a pas d'instinct paternel
et reprend le cours de sa vie dès que
la fécondation est terminée.

En 2011, après la mort de son maître de 71 ans, le chat Toldo a apporté des cadeaux d'affection sur la tombe de son regretté propriétaire tous les jours pendant des mois. Les cadeaux consistaient généralement en des feuilles, des bâtons, des brindilles ou des gobelets en plastique.

Salvator T.
1921-2017

POURQUOI LE CHAT TREMPE-T-IL
SA PATTE DANS SA GAMELLE
D'EAU AVANT DE BOIRE ?
À CAUSE D'UN PROBLÈME
DE VUE ! LES CHATS, VOYANT
TRÈS MAL DE PRÈS,
NE SONT PAS CAPABLES
D'ESTIMER CORRECTEMENT
LA DISTANCE SÉPARANT LE BOUT
DE LEUR MUSEAU AVEC
LA SURFACE D'UNE EAU
STAGNANTE. ILS ONT
DONC 2 SOLUTIONS :
SOIT S'APPROCHER JUSQU'À
CE QUE LEURS MOUSTACHES
LEUR DONNENT L'INFORMATION,
SOIT… EN TREMPANT LA PATTE !

Le chat domestique dont
on a enregistré le plus fort
ronronnement connu est Merlin,
un chat d'Angleterre qui avait
14 ans en 2015 et a officialisé
pour le *Guinness des records*
un ronron de 67,8 décibels,
soit le bruit d'un sèche-linge !
« Quand vous regardez des films,
vous devez augmenter le volume
de la télé ou alors mettre Merlin
hors de la pièce. S'il mange,
il va ronronner bruyamment.
Je peux l'entendre même quand
je me sèche les cheveux, confie
sa maîtresse Tracy Westwood. »

UN CHAT JOUE TOUTE SA VIE !

Imprimé en France par CPI Firmin-Didot
en juillet 2024
N° d'impression : 180964
ISBN : 978-2-380-15965-3
Dépôt légal : août 2024